aux armes de Le Goulx de
La Berchère ; év. de Narbonne

par E. Merlat

TRAITÉ

DU
POUVOIR ABSOLU
DES
SOUVERAINS:

Pour servir d'inſtruction, de conſolation & d'Apologie aux Egliſes Réformées de France qui ſont affligées.

Où eſt la parole du Roi, là eſt la domination; & qui lui dira que fais-tu? Ecclef. 8. 4.

Crains Dieu, & le Roi, & ne te mêle point avec les Factieux. Proverbes 24. 21.

Malheur à Aſſur, la verge de ma colere; encore que le baton qui eſt dans leur main, [...] indignation. Eſaïe 10. 5.

A COLOGNE,

Chez JACQUES CASSANDER.

M. DC. LXXXXV.

AVERTISSEMENT AU LECTEUR.

IL y a prés de quatre ans, que cet Ouvrage fut tracé, & comme deſſigné. De trés-importantes raiſons le firent en ſuite abandonner à ſon Auteur ; & il l'a gardé trois ans entiers, ſans l'achever, ayant réſolu de ne le publier jamais. Des raiſons contraires l'obligent aujourd'hui à changer de ſentiment ; ne pouvant ſouffrir qu'un danger imaginaire, expoſe ſa Religion à la calomnie, & prive ſes freres d'une inſtruction, & d'une conſolation, qu'il leur croit néceſſaire. Le ſort en eſt donc jetté, nonobſtant les avis de quelques Sages. Dieu veüille donner un ſuccés auſſi heureux à la publication des penſées de l'Auteur, que ſes intentions ſont pures & ſincéres.

TRAITÉ
DU POUVOIR ABSOLU DES SOUVERAINS.

CHAPITRE PREMIER.

Dessein de cet Ouvrage.

LE S Eglises Réformées de France étant extrêmement affligées depuis quelque temps, & la grace que Dieu m'a faite d'être de leur Communion me faisant prendre un intérest

 parti-

particulier à ce qui les touche ; Je me
ſens porté à écrire quelque choſe, qui
puiſſe ſervir, à leur *inſtruction*, & à
leur *conſolation* ; & qui puiſſe même
adoucir envers elles ceux qui les deſo-
lent, en faiſant *l'Apologie* de leur innocence.

Le deſſein de leur *Apologie* eſt juſtifié par la rigoureuſe ſévérité dont on
uſe contr'elles ; car un puiſſant Prince ſe croyant obligé à les détruire, par
des raiſons qu'il juge équitables ; ſi
l'on étoit aſſez heureux pour lui perſuader le contraire, on ne peut douter que Sa Majeſté ne changeât de procédure, & que le travail de ces Troupeaux affligez, ne fût ſuivi d'un agréable repos.

Mais comme l'eſpérance de ce ſuccés, a de l'incertitude, & de la lon-
gueur, & que ces malheureux deſo-
lez ſouffrent cependant beaucoup ; la
néceſſité de leur *conſolation* eſt par là
toute évidente ; & fait voir auſſi à cet
égard la juſtice & la charité de nôtre
intention.   Quant

Quant à cette *instruction*, que nous avons posée la premiére, & qui est en effet comme la base & la source des deux autres ; il est clair, qu'elle se réduit à la maniére de souffrir, & de supporter les afflictions, que la consolation doit adoucir, & que l'Apologie voudroit arrêter. Son usage est ici le principal, non seulement par la vertu qu'elle a de produire les deux autres, mais aussi par l'extrême danger où sont ceux qui souffrent, de perdre sans elle, tout le fruit de leur constance, C'est ce qu'il faut expliquer un peu plus clairement en cet endroit , puis que nôtre principale vûë s'y rapporte, & que cela peut avoir quelque obscurité.

Personne ne peut nier, que la gloire du martyre , ne soit le plus haut point d'honneur & de bonheur où un homme de bien puisse aspirer durant cette vie. Mais comme l'abus des choses est pernicieux à proportion de l'excellence des choses mêmes. On m'a-

A 3

voüera

voüera auſſi qu'il n'y a rien de plus déplorable que la condition d'un homme, que le faux zéle anime à la mort, de qui la bonne intention dégénére en pure hypocriſie, & qui fait d'une rebellion opiniâtre & criminelle, une action de piété héroïque.

Or je ſoûtiens que cette déplorable erreur enchante une infinité de gens ; qu'elle eſt preſque auſſi commune, que damnable ; & que pluſieurs, qui croyent être Martyrs ou Confeſſeurs de Jeſus Chriſt en ſouffrant pour ſa cauſe, ſont ſouvent les Martyrs de leur pure opinion, & de leur fauſſe généroſité. J'ajoûte à cela, que le grand & plauſible fondement de cette erreur, c'eſt la juſtice même de la cauſe pour laquelle on ſouffre ; c'eſt la violence & la rigueur de ceux qui font ſouffrir ; c'eſt enfin le zéle ardent, mais un peu détourné, & mal conduit, de ceux que la piété & que la charité tranſportent.

Pour expliquer cet Enigme, je dis, que

que de toutes les leçons du vrai Chri-
ftianifme, la plus difficile à la chair,
c'eft celle *d'aimer fes ennemis, & de
prier pour ceux qui perfecutent.* Je
l'ai appris par ma propre expérience,
pendant le temps que Dieu m'a fait
l'honneur de me faire fouffrir la pri-
fon, pour fon nom. Ma plus violente & plus difficile tentation a été celle,
de réfifter au reffentiment que l'injuftice notoire de mes Adverfaires me
donnoit contr'eux.

J'avois de la peine à me perfuader,
qu'il ne fût pas permis de haïr ceux
que je confidérois comme ennemis de
Dieu, & dans qui je découvrois tous
les caractéres de celui qui eft menteur
& meurtrier dés le commencement.
Je jugeois, qu'il ne s'agiffoit nullement de moi-même, & que l'amour
propre n'avoit aucune part à mes
mouvemens, puis que la caufe de ma
Religion étoit fi ouvertement atta-
quée ; & que les procédures faites
contre moi, pour ce fujet, étoient fi ma-

 nife-

nifeſtement iniques, & calomnieuſes.

Je ne croi pas faire de tort à mes Freres les plus ſanctifiez, en leur attribuant des foibleſſes, ſinon pareilles, pour le moins ſemblables aux miennes ; mais pour ne les pas meſurer entiérement à mon aûne, ſans pourtant abandonner ma Theſe, j'ajoûterai ici en leur faveur, que ce que ma propre peine me rendoit plauſible, peut auſſi les tenter chaque jour, par la vûë ſimple de la cauſe en général, & de l'intéreſt des infirmes qui ſuccombent.

En effet quand un vrai Chrêtien conſidére, que ſa Religion eſt ſalutaire ; que celle en laquelle on le veut forcer eſt contre ſa conſcience ; que cette conſcience doit être libre ; que les moyens dont on ſe ſert pour l'aſſujettir ſont mauvais ; que Dieu & Jeſus Chriſt ſont deshonorez par ceux qui exercent cette violence, quelle peine n'a-t-il point à s'empêcher de croire, que la réſiſtance par voix de fait ſeroit légitime, contre

ceux

ceux qui lui ſemblent ainſi outrager
la Majeſté de Dieu, & violer la juſtice ? Combien lui faut-il de patience
& d'humilité, pour ne lâcher pas la
bride toute entiere, à une indignation,
qui ſemble n'être allumée que pour la
gloire de Jeſus Chriſt, & contre ſes
ennemis declarez ?

Mais ſur tout, lors qu'il arrive, que
pluſieurs infirmitez ſuccombent aux
tentations ; & que la ruſe ou la force
triomphent de la ſimplicité ou de la
foibleſſe des ames, d'ailleurs bien in-
tentionnées, au préjudice de la verité : C'eſt alors que le zéle de la Religion, fortifié par le regret de voir périr tant de perſonnes, qui en apparence pouvoient être ſauvées ; & par la
juſte indignation que l'on conçoit
contre ceux de qui les injuſtes pratiques cauſent de ſi déplorables chûtes ;
c'eſt alors, dis-je, que ce zéle fait
d'étranges agitations dans ceux qu'il
anime ; & qu'il n'y a point de gens de
bien, qui dans l'emportement de leurs

 pre-

premiers mouvemens , ne balancent extrêmement, entre l'obéïssance politique dûë aux Magistrats, & la rebellion que leur semble inspirer la sainte jalousie de la gloire dûë à Dieu.

Que si l'on joint à tout cela , le penchant que le vice naturel donne à la vengeance ; Les déclarations formelles & authentiques de l'Ecole Romaine , touchant la rebellion contre ceux qu'elle appelle Tyrans ; Les inclinations de la générosité ; Les exemples des guerres faites pour cause de Religion ; & enfin l'opinion même de plusieurs , à qui leur conscience fait avaler ici le poison sans scrupule, & qu'elle détermine à recevoir ce que nous nions quant à nous: Je ne sçai , si l'on pourra douter encore que nous n'ayons trés-grande raison d'entreprendre d'instruire les Eglises affligées sur ce sujet , & de leur montrer jusques où elles doivent porter leur patience , & leur obéïssance , pour ne pas être misérables , &

dans

dans cette vie , & dans l'autre tout enfemble.

Le péril certes eft trop grand, &
par l'excés du mal où il précipite, qui
eft la perte éternelle des ames, aprés
le cruel tourment des corps ; & par la
fubtilité & la force apparente des raifons plaufibles qui le caufent , aufquelles tant de perfonnes cédent ;pour
en négliger le reméde un feul moment. C'eft donc ce qui nous met
maintenant la main à la plume , & ce
qui force nôtre filence : & nous n'eftimons pas , qu'aprés les raifons allé-
guées, il y ait quelqu'un affez injufte
pour condamner nôtre deffein. Le
feul doute, dans une matiére de cette
importance, force indifpenfablement
à fon examen : & croyant , comme
nous faifons, que la plûpart s'y trom-
pent, & s'y égarent; on auroit fujet de
nous accufer de la derniére cruauté, fi
nous refufions nôtre fecours à ceux
qui, felon nôtre fentiment, fe perdent
d'une maniére fi pitoyable.

Il n'eſt donc plus queſtion que de découvrir le moyen que nous voulons employer, pour procurer aux Egliſes affligées, les trois grands biens dont nous venons de parler : & que de montrer la force & l'efficace que peut ou doit avoir ce moyen, pour *inſtruire, conſoler, & défendre* ces Egliſes. Or il réſulte des choſes mêmes dites ci-deſſus, que pour remplir toute l'étenduë de nôtre deſſein, il ne faut que bien expliquer *le Droit des Souverains du Monde*, & que montrer clairement & fortement juſques à quel degré d'autorité il eſt poſſible qu'il s'éléve, en prouvant qu'il peut être *illimité & abſolu.*

Premiérement il eſt viſible que *l'inſtruction* que nous deſirons donner, ſur la Patience Chrêtienne, en dépend entiérement. Car puiſque les mouvemens d'impatience, qui inſpirent la rebellion & la haine à ceux qui ſouffrent, ſont fondez ſur la vûë de l'injuſtice de ceux qui affligent, & du

droit

droit apparent qu'on croit qui en réſulte, de ſe rebeller contr'eux, pour l'a-
mour de Dieu : Qui ne vôid, que tous
ces troubles ne peuvent être calmez,
que par l'intelligence du pouvoir de
ceux dont la violence les cauſe : Et que
par la perſuaſion d'une autorité qui
ſoit au deſſus de toute exception, à
l'égard des choſes qui nous jettent
dans le doute, ſur la maniére dont nous
pouvons agir à leur égard. Car ſi nous
avons une fois compris, que le droit
des Puiſſances du ſiécle, peut s'élever
juſqu'à un degré qui excluë tout ſujet
de rebellion contre elles; il ſera clair
par là, que leur violente injuſtice ne
peut être la matiére de nôtre reſſentiment, ni le prétexte de nôtre vengeance; & qu'ainſi ceux là ne ſouffrent
plus pour Jeſus Chriſt, mais pour leurs
péchez propres, qui ſouffrent aprés
s'être rebellez par le prétexte de la
Religion.

Et cela même prouve, en ſecond
lieu, combien, & comment, l'ex-
pli-

plication de cette matiére doit servir à la consolation des Eglises affligées. Car la source de toutes les vrayes consolations, c'est la grace de Dieu, & le sentiment qu'en donne l'innocence de celui qui souffre, en se consolant : Or quel véritable sentiment peut avoir de la grace de Dieu, celui qui commet un crime ? Quelle légitime persuasion peut avoir de son innocence celui qu'une injuste impatience précipite dans la rebellion ? Et au contraire, de quelle joye spirituelle ne jouït point, celui qui bien loin d'être animé d'un esprit de vengeance, & de dépit, *se glorifie dans les tribulations, & en tire la force de son espérance, par la dilection qui est répanduë dans son cœur,* comme parle Saint Paul. Rom. 5.

Enfin, *l'Apologie* des mêmes Eglises affligées est par là établie, selon tout le droit imaginable. Car le Prince qui se croit obligé de les détruire ne semblant pas pouvoir être porté à ce triste dessein, que par des Raisons, ou de Re-

Religion, ou d'Etat. Nôtre prefent
Traité, en expliquant le *Pouvoir ab-*
folu des Souverains, fera voir à l'œil,
que la Religion eft hors de leur dépendance, & qu'elle ne peut légitimement
être forcée ; & d'un autre côté il con-
vaincra toutes les perfonnes de bonne
foi, que nul ne doit refufer d'obéïr
aux Princes, ni fe porter à la rebellion
contr'eux, pour quelque caufe que ce
foit, qui puifle être imaginée apparte-
nir à la vie prefente ; ni même pour
aucune caufe tirée de l'intérêt de la
Religion, entant qu'il eft poffible aux
Princes de le traverfer : Ce qui réduira fans doute, ou pour le moins dévra
réduire, tous les Princes, à qui la Religion de leurs Sujets eft defagréable,
à ne pas fe défier d'eux, & à ne pas
les traiter rigoureufement, par ce prétexte.

Il ne faut pas prétendre pouvoir
oppofer à cela, qu'en portant fi loin la
néceffité d'obéïr aux Souverains, nous
condamnons toutes les Républiques,

&

& généralement tous les Etats où le
pouvoir abſolu n'eſt pas reconnu, &
où l'on empêche même, tant que l'on
peut, qu'il ne s'établiſſe. Car, la ſuite de nôtre Traité, en expliquant l'E-
tat de la queſtion touchant ce droit abſolu, fera clairement voir, que nous
n'en parlons pas comme d'un bien que
l'on doive rechercher, lorſqu'on ne l'a
pas ; ou comme d'un joug même que
l'on doive ſubir, ſi l'on en eſt exempt;
mais ſeulement comme d'un Châtiment contre lequel on ne peut légitimement ſe rebeller, lors qu'il plait à
Dieu le faire ſentir.

Mais ce que l'on peut ici nous oppoſer avec grande apparence de raiſon,
c'eſt qu'il eſt à craindre, que nous ne
donnions occaſion à l'accroiſſement du
mal des pauvres Egliſes, dont nous diſons vouloir procurer le bien, par le
Traité que nous prétendons publier.
Car s'il eſt vrai que leur patience doit
être à l'épreuve de tout, & que le pouvoir du Prince qui les afflige peut être

re-

reçonnu illimité, abſolu, & ſans exception; qui doute que les Eccleſiaſtiques
Romains qui allument le feu, ne ſoient
encouragez par là à l'embraſer juſqu'à
l'entiére conſomption des miſérables :
la ſureté du ſuccés, jointe au zéle de
leur Religion, & à l'opinion du bien
de l'Etat, faiſant redoubler les maux
ſans crainte ? & devant par là réduire
les ſouffrans au deſeſpoir.

Or je répons à cela, 1. que quand
cet inconvenient ſeroit auſſi grand &
auſſi inévitable qu'on le peut imaginer,
il ne dévroit pas pourtant l'emporter
ſur ces invincibles raiſons de la néceſſité de l'inſtruction des Egliſes affligées, que nous avons ci-deſſus alleguées. Car s'il eſt vrai, (comme nous
croyons l'avoir prouvé) que la conſcience de la plûpart des hommes eſt
ici aveugle, & que pluſieurs changent
le martire en fauſſe generoſité; quelle
proportion y a-t-il, d'un mal temporel, à un mal éternel; & quelle force
peut avoir, la crainte de donner occaſion

sion à un accroissement de misére pas-
sagere & bornée, contre la nécessité
d'arracher un nombre infini d'ames, à
la mort temporelle premiérement, puis
aprés encore à la mort éternelle ?

Je répons aussi 2. que cet inconvé-
nient au fond n'est pas autant à craindre qu'on le pourroit croire, & qu'il
faut ici soigneusement distinguer, ce
que le zéle du Clergé Romain pourroit
vouloir faire, d'avec ce que la Sagesse
des Princes, & celle du Roi de France
en particulier pourra lui inspirer de faire en effet. Car il est bien vrai, que la
Cour de Rome, & tous ceux qui suivent la Religion dont elle se dit le centre, ne manqueront pas de tourner à
la ruïne des Protestans, s'ils peuvent,
l'inviolable fidélité que la Religion
Réformée inspire envers les Princes :
mais les Princes mêmes, que cette fidélité interesse, & qui en tirent la force de leur Domination, exposeront-ils
en proye ceux qui la pratiquent, à l'appetit de ceux dont les maximes y sont
tou-

toutes contraires ; & qui ne defirent
d'enlever aux Puiſſances Politiques
leurs plus affidez ſujets que pour exercer en ſuite contr'elles leurs horribles
maximes, avec plus d'efficace, &
moins de crainte ?

Que les Princes prennent la peine
de faire réflexion en cet endroit, ſur
les prétentions de Rome, ſur la domination qu'elle a exercée ſur eux ci-
devant, ſur la décadence de cette domination depuis la Réformation, ſur
les lumiéres que cette Réformation a
données au monde pour la découverte de la Politique Papale ; & je m'aſ-
ſûre que comme ils comprendront par
toutes ces choſes le vrai ſecret de la
haine du Pape contre les Proteſtans ;
ils reconnoîtront auſſi l'intéreſt qu'ils
ont à maintenir les Egliſes Réformées, & à faire de leur fidélité & de
leur patience, un objet de leur protection, bien loin d'en prendre occaſion
d'exercer contr'elles leur rigueur.

Nous n'eſtimons donc pas qu'il y
ait

ait de légitime raison à oppoſer à nôtre deſſein ; que ſi quelqu'un a encore quelque reſte de doute ſur ce ſujet,
nous le renvoyons à la ſuite de nôtre
Traité, où nous eſpérons réſoudre
toutes les objections que l'on peut y
oppoſer, & celle qui vient d'être faite entre les autres. Quant à la méthode que nous voulons ſuivre ; pour
réüſſir dans le deſſein propoſé, nous
ferons, Dieu aidant, trois choſes. 1.
Nous expliquerons nettement , &
exactement l'état de la queſtion , touchant le Pouvoir abſolu. 2. Nous ap-
porterons toutes les preuves fortes &
concluantes, que nôtre méditation &
nôtre mémoire pourront nous fournir, pour établir ce Pouvoir. 3. Enfin, nous répondrons aux objections,
que la conſcience, & la raiſon nous
ſemblent pouvoir former contre nôtre
ſentiment.

Pluſieurs ont écrit avant nous de
cette matiére, ou pour flâter les Princes, ou pour flâter les Peuples ; ſelon
le

le préjugé où ils étoient, ou pour les
uns, ou pour les autres. La suite fera
juger à nos Lecteurs, si nous sommes
dans l'un ou dans l'autre de ces partis;
ou si c'est la verité seule qui nous anime. Nous disons seulement ici, que
les Auteurs qui nous pourroient donner leurs aides ne sont point en nôtre
puissance ; que nous écrivons avec la
seule Bible, & avec nôtre seul raison-
nement ; & que nous n'empruntons,
pour cet Ouvrage, que le secours de
Dieu seul, enseignant, ou par la nature, ou par la foi ; n'ayant d'autre
dessein que d'y établir des veritez que
nous sommes convaincus être indubitables.

Au reste, pour persuader au Lecteur que nos sentimens y seront ex-
primez en toute sincérité, nous le
prions de considérer deux choses ; la
premiére est, que nous avons été bannis de France pour la Religion, &
que nôtre intérest particulier ne nous
peut obliger par là à aucune complai-
sance

sance envers ceux qui y dominent ; la seconde chose est, que sortant de France nous avons été humainement recueillis à * * * * * Ville dépendante du * * * * * * * * * * & que par là nous avons tout sujet de flâter le Gouvernement Républiquain, dont nous éprouvons la douceur. Car ces deux choses étant bien considérées, convaincront sans doute les plus obstinez, que c'est la force de la persuasion qui nous fait parler dans tout ce Traité ; puis que, contre le ressentiment que nôtre exil nous pourroit donner, & contre la reconnoissance que nôtre repos dévroit nous inspirer, nous y debitons des maximes qui favorisent ceux dont nous avons éprouvé la disgrace, & qui sont peut-être nouvelles pour ceux dont nous éprouvons la bien-veüillance.

Nous ne dirons rien, ni de nôtre stile, ni de nôtre capacité à traiter nôtre matiére, de peur que l'on ne nous objecte ce bon mot d'un Ancien,

Næ

Ne tu magnus nugator es , qui malui-
sti culpam deprecari, quàm culpâ ca-
rere. Nous n'affectons, ni la réputation d'Eloquent, ni le nom de Docte;
il nous suffit, pour le stile, d'être in-
telligible ; & pour la matiére, de ne
rien proposer qui ne soit vrai, & nécessaire, ou, du moins, que nous ne
croyions tel : Ainsi, sans user d'une
plus longue Préface, nous allons entrer dans la discussion de nôtre sujet,
par *l'état de la question.*

CHAPITRE II.

Etat de la question, touchant le Pouvoir
absolu des Souverains.

TÓUS les hommes sont égaux
par la nature ; ils naissent, &
meurent d'une même maniére ; ils
ont, à parler généralement, une même raison, qui les rend capables de se
conduire ; ainsi, à les considérer selon

cette

cette idée commune, il n'y doit avoir entre eux, ni dépendance, ni domination, que celle que fait, la difference des peres & des enfans, ou la diversité des dons naturels.

En effet, si le genre humain étoit aujourd'hui dans son premier état d'innocence ; & si le péché n'avoit point troublé l'ordre de la pure création ; il est certain que la distinction des Princes & des Sujets seroit ignorée, & que chacun auroit sa propre raison pour Loi, & sa volonté pour Magistrat ; parce que chacun auroit une raison pure & éclairée pour se régler, & une volonté juste & sainte pour obéïr aux régles de cette raison.

Mais le péché ayant détruit l'image de Dieu dans l'homme, introduit la confusion au lieu de l'ordre, & assujettit la raison aux passions ; l'amour propre a banni la piété, & la charité; chacun est devenu l'idole de son propre service ; la justice & l'équité ont

passé

paffé pour des fruits de l'imbécillité & de la crainte ; la force a reglé le droit des actions ; & les hommes n'ont donné d'autres bornes à leurs defirs, & à leurs entreprifes , que celles de leur impuiffance.

Dans ce déplorable état, il a falu que la bonté de Dieu fuppléât au defaut de la malice des hommes , & que l'amour du Créateur pourvût à la confervation de la créature , dont la fauffe amour alloit faire fa propre perte. Et comme la fageffe de ce Pere de miféricorde eft admirable auffi bien que fa bonté, il n'a pas manqué de tirer la lumiére des tenébres mêmes ; l'ambition des particuliers a été en fa main le puiffant moyen de la confervation du général ; il a permis que l'égalité naturelle fût ôtée, afin de foûmettre à la juftice par contrainte, ceux que leur volonté n'y portoit plus. Ainfi l'établiffement des Puiffances a fervi de frein à la licence débordée des pécheurs ; & l'effroyable guerre des paf-

B

fions

fions humaines, a reçû le falutaire joug
de la fujettion Politique, pour la fubfiftance du genre humain.

De là vient que le monde corrom-
pu, ne peut non plus fe paffer de Magiftrats, & de Princes, que les aveugles peuvent fe paffer de guides, les
malades de remédes, & les affamez
d'alimens : & quiconque contefte la
néceffité du Gouvernement Civil,
prêche par là fans contredit la fédition,
le brigandage, le meurtre, & le ren-
verfement entier de la nature intelligente. Car chacun, libre de fes volontez, exercera contre autrui, toute
la violence, dont fes forces, animées
par l'amour propre, le rendront capables : & cette effroyable anarchie ne
pourra finir, que par la deftruction
abfoluë des hommes mêmes; puis que,
tandis qu'il en reftera feulement deux
fur la terre, leur vice fera deux partis
de l'un contre l'autre, & les réduira,
ou à fe tuër par des coups fourrez, ou
à laiffer le victorieux dans une folitu-
de,

de, qui lui causera enfin la mort à son tour.

Or la même raison qui établit en général la nécessité des Puissances, prouve aussi les divers degrez de leur Pouvoir, & nous améne à ce *Pouvoir absolu* que nous cherchons. Car, puis que la puissance est un reméde contre la maladie, & un aliment contre la faim; il est clair, que pour servir à son but, elle doit être plus ou moins autorisée, selon que les mœurs déréglées des hommes ont besoin d'un joug plus ou moins pesant, & d'un frein plus ou moins rude. Aussi apprenons-nous, & par les Histoires, & par l'expérience, que le Pouvoir absolu & illimité, ne s'est établi que peu à peu; que Dieu tout bon, & tout sage, ne l'a laissé prendre aux Princes, qu'à mesure que la folie des Peuples s'est accrûë; que tandis que les loix de l'équité & de l'amitié ont eu quelque reste de force, les Puissances ont aussi eu quelque borne, & ont autant per-

 suadé,

suadé , que contraint , ceux qui dépendoient d'elles. Mais lors que les malades sont devenus frénétiques, il a falu les lier, pour les empêcher de se perdre : lors que la faim s'est changée en rage, il a falu étouffer les aflamez, pour arrêter la contagion de leur mal : lors que la gangraine s'est manifestée, il a falu employer le fer & le feu, pour l'extirper.

Et cela fait voir , que ce Pouvoir absolu , dont nous avons entrepris l'explication , & l'établissement , ne doit pas être considéré comme un bien pur & simple , que l'on ait sujet de desirer à cause de lui-même (au moins , dans l'état de corruption où sont les hommes durant cette vie) car au contraire, il est le dernier effet de nôtre vice, & le reméde extrême que Dieu applique à nos maux desespérez. Mais on le doit considérer pourtant, comme un bien , d'une nécessité indispensable , dans la présupposition de nos desordres ; & comme un effet

de

de la sage Providence, pour servir de digue aux torrens impetueux de nos passions effrenées.

En effet, si l'on veut envisager les choses un peu de prés, & avec une application desintéressée, on sera contraint d'avoüer, que la diversite des Gouvernemens vient de la diversité des Peuples même ; que la douceur de l'Aristocratie, ou la liberté de la Démocratie, n'ont lieu que dans les Etats, où l'ambition particuliere est moindre, & où l'egalité est plus aisément observée ; que les Monarchies, sont plus ou moins fortes, selon que ceux qui en dépendent sont plus ou moins legers, ou plus ou moins vains ; & que les Peuples dont les Princes n'ont que leur volonté pour loi (comme en France) ces Peuples, dis - je, sont tellement disposez, qu'une Autorité limitée ne les sçauroit gouverner ; & si leurs Souverains étoient moins absolus, leurs Etats seroient incontinent remplis de séditions, &

de guerres civiles ; leur humeur ambitieuse, & tout ensemble inconstan-
te, les rendant incapables de se supporter un moment les uns les autres,
sans le joug utile & nécessaire de l'Autorité illimitée.

Pour faire donc voir, en quoi consiste proprement le droit de cette Autorité, que la volonté de Dieu, & le
besoin des hommes rend si nécessaire,
il faut distinguer d'abord *la matiére,*
& *la maniére* de la Puissance. Par la
matiére, nous entendons *les choses*
dans lesquelles l'Autorité s'exerce ;
Par la maniére, nous entendons *le
degré même du Pouvoir* dans ces choses-là.

Pour ce qui est des *choses*, nous disons, que depuis ce péché, qui a troublé le monde, & qui a rendu par ce
trouble même, l'ordre des Puissances
entiérement indispensables, Dieu à
déclaré aux hommes que la vie présen-
te ne devoit plus être leur dernier but ;
mais que sa grace bâtissoit un monde
futur,

futur , sur les ruïnes du present ; &
que la durée de celui-ci n'étoit conti-
nuée deformais , que pour servir de
moyen , & de préparatif, à la constru-
ction de l'autre. Ainsi, tous ceux qui
reçoivent la révélation divine , doivent poser pour fondement de leur
conduite , qu'il y a maintenant deux
vies, deux fins, & deux sociétez, &
par conséquent *deux sortes de choses,*
dans lesquelles la Puissance peut agir,
sçavoir, *les choses de la vie presente,*
& *celles de la vie à venir.*

Les choses *de la vie à venir*, se réduisent au Régne de Jesus Christ, &
concernent *la Religion*, au moins directement ; & elles ne font de la direction des Puissances Politiques de ce
monde , que par la *Police extérieure*, & par *l'ordre visible de la Société
Ecclésiastique*; entant qu'il est du droit
des Princes fidéles, de tenir la main à
ce que toutes choses soient bien ordonnées dans l'Eglise , & que les scandales
en soient bannis.

La Religion a en effet deux parties générales, l'une *essencielle*, l'autre *accidentaire*. La partie essencielle, consiste dans ce qui est fondamental, & nécessaire au salut, & qui appartient immédiatement à la conscience, & à Dieu. La partie accidentaire, regarde, les aides extérieures dont l'infirmité humaine a besoin, pour être maintenuë dans l'observation de la partie essencielle ; & se réduit, à quelques cérémonies, à l'ordre du gouvernement, & à d'autres choses semblables, qui sont indifferentes de leur nature, & par conséquent diverses, & variables selon les temps, les lieux, & les personnes ; mais reçoivent pourtant divers degrez de nécessité, selon les liaisons que le besoin des Peuples leur fait avoir avec les choses essencielles, desquelles elles dépendent, & ausquelles elles doivent uniquement servir.

Or cette partie de la Religion que nous appellons *essencielle*, & qui regarde

garde immédiatement la confcience, ne dépend nullement des Puiflances de ce fiécle, & tout homme qui craint Dieu, & qui a à cœur la Religion, doit fe tenir ferme, non feulement à la verité qu'il a connuë, mais même à l'erreur qu'il a conçûë, & qui lui paroit une verité, jufques à ce que fa confcience foit autrement convaincuë. Tellement que nulles menaces, nulles pertes, nuls fupplices ne doivent être capables de l'ebranler ; la feule perfuafion doit le gagner en cette rencontre.

La raifon de cela eft évidente, & conclut (comme j'ai dit) *pour l'erreur que l'on croit une verité, auffi bien que pour la verité même* : Parce que la confcience eft à Dieu feul ; il fe l'eft réfervée, comme étant feul capable de la connoître, & de la juger ; & il doit fuffire aux Princes du monde qu'on leur abandonne tout le refte fans aucune exception, comme on le verra ci-aprés. Or, foit que ce que l'on croit foit veritable, ou qu'il foit faux, il eft toûjours certain que la créance & la conviction où l'on eft, y attache la confcience ; & l'on bleffe- roit cette confcience, fi l'on s'en dé- partoit, fans être autrement inftruit, & perfuadé, & cela va fi avant, que même celui qui fuit la verité , la croyant un menfonge , péche fans contredit beaucoup plus griévement, que celui qui fuit le menfonge , le croyant une verité. Ainfi il eft indu- bitable que quiconque eft perfuadé de la verité d'une Religion , doit y de- meurer immuable, nonobftant toute l'Autorité , & toute la force, qu'on peut employer contre lui ; & cette maxime eft auffi inviolable pour les Catholiques Romains en Angleterre, & pour les Mahometans à Rome, que pour les Proteftans en France, ou ail- leurs.

Tout ce que l'on doit garder, à la Puiffance Politique , en cas qu'elle veüille forcer , & contraindre , c'eft

de

de souffrir avec humilité, & avec patience, & ses menaces, & ses derniers coups ; sans que la rigueur qu'elle exerce inspire le moindre mouvement de rebellion, ou porter à la moindre résistance extérieure, autre que celle que pourroit produire le refus de blesser directement la conscience, par des actes de Religion contraires à la piété qu'on professe. Car encore que la Puissance Civile passe ses bornes à cet égard, & s'attribuë les droits de Dieu; ce n'est pas cependant aux Sujets qu'elle afflige pour cela, de lui en faire rendre compte; beaucoup moins de se rebeller contre elle à cette occasion. Au contraire, c'est par l'humble souffrance qui en résulte, que les patiens montrent leur sincére piété, & acquérent la gloire, ou de la confession, ou du martyre : & jamais l'Eglise Chrêtienne n'auroit eu tant de saints Athletes, qui eussent porté ces deux noms , si les régles que je pose ici ne lui avoient paru inviolables.

B 6　　　　Le

Le Pouvoir des Princes a donc son privilége , même à l'égard de ceux que la conscience attache aux parties essencielles de leur Religion , en ce que, s'ils ne doivent pas dépendre de ce Pouvoir, pour régler leur créance, selon la volonté de ceux qui l'exercent, pour le moins doivent-ils souffrir leur disgrace, sans murmure, & faire un sacrifice de leur ressentiment, à l'Autorité qui les afflige , selon le commandement de Dieu qu'ils servent en souffrant ainsi. Et c'est-là au fonds , tout ce que les Princes peuvent légitimement prétendre de leurs Sujets, quant à *l'essenciel de la Religion.*

Pour ce qui est de la *partie accidentaire,* ou *accessoire* (à laquelle nous venons maintenant) nous disons que *quand le Prince est de même Religion que ses Sujets ,* & par cette raison se veut donner la peine d'en ordonner la Police extérieure ; Il n'y a pas de doute que cette Police est toute entiére

re de sa direction, & qu'il n'a rien ici
qui borne son droit, que la réserve de
la conservation, & de l'interest, de
cette partie essencielle, à laquelle la
partie accidentaire doit servir, comme nous avons dit ci-dessus. C'est à
dire, que pourvû que l'essence de la
Religion demeure ; & que le fondement ne soit point renversé, ou sappé
au danger du salut, & de la conscience de ceux qui professent cette Religion, le Prince a droit de régler, &
la conduite de l'Eglise, & tout son
extérieur, de la maniére qu'il juge la
plus convenable au bien de son État
temporel ; & on ne peut s'opposer à
ses loix, dans ce réglement, sans se
rendre criminel, & sans desobeïr à
Dieu même.

Il y a seulement une précaution utile, & même nécessaire, que l'équité
des Princes doit leur faire prendre en
cet endroit ; c'est que si, ou la foiblesse, ou l'ignorance, de la plûpart, ou
d'un grand nombre de leurs Sujets,
leur

leur fait avoir en horreur de certaines cérémonies , & les oblige à les fuïr comme périlleuses, quoi qu'au fonds elles puissent avoir un usage innocent ; il vaut mieux obmettre ces cérémonies-là , & changer cet ordre , que blesser tant de consciences infirmes, & c'est ce que Saint Paul recommande, comme une chose qui est convenable à la charité , & sans quoi on la renverse.

Si le *Prince n'est pas de la Religion de ses Sujets* , la nécessité de leur subsistance les autorise alors, pour se faire à eux-mêmes une discipline, & pour s'établir un ordre ; & comme l'Eglise Chrêtienne s'est vûë dans ces termes au commencement ; il est certain que les réglemens Apostoliques donnent ici le modéle parfait que les vrais Chrêtiens doivent suivre. Mais si nonobstant la difference de Religion ; il prend envie aux Princes d'entrer en connoissance de la discipline & de l'ordre que leurs Sujets observent, soit

pour

pour y apporter des limitations qui les détruisent, soit même pour les favoriser ; les Sujets sont toûjours obligez de déférer à leurs Princes jusques aux Autels exclusivement ; & ainsi de s'assujettir à leurs Ordonnances, quelles qu'elles soient, pourvû que l'essenciel de leur Religion le permette. Et en cas que la conscience soit directement interessée, ils ont droit de desobéïr, puis *qu'il vaut mieux obéir à Dieu qu'aux hommes* ; mais toûjours avec cette humilité, & cette respectueuse patience dont nous avons parlé ; qui marquent, que ce n'est que la seule crainte du Roi des Rois, qui peut être capable de faire quelque exception à leur obéïssance. Voilà nôtre sentiment touchant le Pouvoir des Souverains, *dans les choses de la vie à venir,* ou *de la Religion.*

Quant *aux choses de la vie presente* (qui font l'autre membre de la distinction ci-dessus apportée, dans la matiére du Pouvoir des Souverains) nous

disons

diſons qu'à leur égard il n'y a point d'exception à faire; car le but de la Puiſſance, étant la direction de ce qui lui eſt ſujet, & l'exercice de ſon Autorité ſur ce qui en peut recevoir les impreſſions; la même raiſon qui ſouſtrait aux Princes du monde l'eſſence de la Religion, parce que Dieu ſeul connoît & juge la conſcience; cette même raiſon, dis-je, attribuë à ces mêmes Princes tout ce qui regarde la vie preſente, parce que c'eſt préciſément cela qui tombe ſous la connoiſſance de ces Princes, & qui eſt capable des impreſſions de leur Autorité.

En effet, tout ce qui appartient à la vie preſente a été réduit, par la révélation de Dieu même, à quatre principaux chefs, ſçavoir, *la vie*, *l'honneur*, *le bien*, *& la réputation*; c'eſt la diſtinction qui nous eſt inſinuée dans la ſeconde Table du Décalogue, par les Commandemens qui défendent de *tuer*, de *paillarder*, de *dérober*, & de *dire faux témoignage*. Or il eſt viſible

que

que toutes ces choses tombent sous la
direction Politique ; & les loix mêmes
Payennes contiennent des réglemens
sur tous ces chefs alléguez.   Mais à
quoi bon prouver une verité que personne ne conteste ; & qui sera même
établie ci-après, lors que nous vien-
drons à la preuve de nôtre Thése.

Nous dirons seulement en un mot,
que si la vie des Sujets est dans la puissance des Princes, l'on ne peut raisonnablement en rien excepter, puis que
qui dit la vie, dit tout. Car l'homme
n'a rien de si précieux que la vie, &
le droit de la Politique se perdant par
la mort de ceux qui la reconnoissent,
nous ne voyons pas, que l'on puisse
porter plus loin ce droit-là, qu'en disant qu'il va jusqu'à pouvoir faire
mourir.

Que si la générosité, & le point
d'honneur, viennent ici à la traverse
pour contester cette Thése, afin d'é-
viter une dispute inutile & ennuyeuse,
nous déclarons que la générosité &
l'hon-

l'honneur doivent auſſi hommage à la Puiſſance publique ; & qu'un ſujet n'a d'autre gloire, à l'égard de ſon Prince, que celle de l'obéïſſance, & du reſpect. Les affronts, ont lieu entre les pareils, ou viennent des inferieurs ; mais le Prince ne peut offenſer ceux ſur qui il domine : & comme il a la force pour ranger les violens, & les mutins ; il a auſſi l'éminence pour mépriſer les fiers, & pour ſe moquer des orgueilleux.

De là il réſulte que, ſelon nos ſentimens, *l'Autorité des Princes eſt illimitée quant à ſa matiére, rapportée aux choſes de cette vie ; & que dans la matiére qui regarde la vie à venir, elle eſt ſeulement bornée par l'eſſence de la Religion, & par les choſes qui touchent la conſcience, entant que Dieu ſe l'eſt réſervée.* Mais ce n'eſt encore rien dire preſque pour nôtre deſſein ; car il eſt queſtion de ſçavoir, *comment, ou de quelle maniére, & juſques à quel degré, les Princes peuvent*

vent ufer de leur Autorité, dans ces chofes que nous y foûmettons ; & c'eſt en cela que confiſte le deuxiéme membre de la diſtinction ci-devant faite, de *la matiére*, & *de la maniére* du Pouvoir des Princes.

Pour paſſer donc maintenant à cette feconde partie, nous difons, que la maniére dont les Princes peuvent exercer leur Autorité, ne peut être confidérée qu'en deux differens degrez, qui en faſſent la diverfité eſſencielle ; l'un, dépend du *droit tempéré* par les loix & par la juſtice ordinaire ; l'autre, réfulte *du droit abſolu* & entierement illimité.

Pour bien comprendre la nature & la difference de ces deux degrez de Pouvoir, il faut confidérer, que toutes les actions humaines ont deux fortes de principes, les uns *extérieurs* que les objets forment, les autres *intérieurs* qui dépendent des Sujets, ou des perfonnes mêmes qui agiſſent.

Nous appellons *principes extérieurs*
des

des actions, toutes les raiſons, tous les motifs, toutes les occaſions, & toutes les maximes, que les hommes tirent des choſes qui ſont hors d'eux-mêmes, pour ſe porter à faire quelque choſe que ce ſoit. Car on dit ordinairement, que les objets émeuvent les Puiſſances ; & que la juſtice conſiſte dans le rapport, & dans la proportion qu'ont les mouvemens, avec les objets dont ces mouvemens dépendent.

Nous appellons *principes intérieurs des actions*, les raiſons, les motifs, & les régles que l'on tire de la pure volonté de ceux qui agiſſent ; tellement que cette volonté ſoit la cauſe unique & autentique des actions, & que celui qui agit puiſſe dire pour toute raiſon de ſa conduite, qu'elle lui plaît, & qu'il l'a ainſi vouluë.

Lors que les actions ne peuvent être juſtifiées, ou ſoûtenuës, que par les raiſons qui ſe tirent des principes ex-térieurs, il eſt viſible que le pouvoir de celui qui les a faites, eſt borné. Car

il

il dépend de la nature, & de la qualité des chofes de dehors, dont il tire des raifons pour autorifer ce qu'il a fait; & s'il n'y avoit pas d'égalité, & de proportion entre la maniére de fon action, & ces chofes-là, fon action feroit injufte, & le feroit traiter comme coupable : ce qui montre évidemment, que le droit qu'il a eu d'agir, a été limité par la nature des objets, aufquels il eft obligé de déférer.

Mais lors que la volonté de celui qui agit eft feule, la fuffifante & jufte raifon de l'action produite, on ne peut nier que le pouvoir ne foit illimité, & comme infini ; parce que le droit eft alors fondé fur l'éminence de la perfonne qui agit ; & cette éminence eft telle, que dés qu'elle fe produit, elle éloigne toutes les diverfitez, & toutes les diftinctions qui pourroient faire eftimer les actions inégales & difproportionnées à leurs objets ; & elle les engloutit, par maniére de dire. Tellement que comme l'infini & le fini

n'ont

n'ont point de proportion , auſſi les régles & les maniéres de la juſtice ordinaire n'ont aucune priſe ſur cette ſublime élevation, qui fait de la volonté , une cauſe légitime de la procédure de celui qui agit.

Auſſi eſt-ce proprement en Dieu que réſide ce droit que nous appellons *infini* & *illimité* ; car Dieu , ne veut pas ce qu'il veut parce qu'il eſt juſte, mais ce qu'il veut eſt juſte, parce qu'il le veut. Autrement, il y auroit une régle de juſtice au deſſus de Dieu, qui donneroit des loix à ſa volonté ; & qui lui impoſeroit une néceſſité d'agir plûtôt d'une maniére, que d'une autre ; ce qui eſt injurieux à ſa nature infinie.

Or appliquant maintenant ces réflexions à nôtre ſujet , nous diſons, que le degré du Pouvoir des Princes ſe réduit au *droit tempéré* , lors que les Princes ſe gouvernent par les Loix communes, & réglent leur Autorité ſelon les Ordonnances établies aux

Païs

Païs où ils dominent ; foit que les Peuples ne les ayent voulu reconnoître pour Princes qu'à cette condition ; foit qu'eux-mêmes ayent jugé à propos de borner ainfi leur puiffance pour la rendre plus douce, & plus agréable ; foit enfin pour quelque autre importante raifon, que le bien des Etats rend immuable.

Mais afin que le Pouvoir des Princes foit abfolu, il faut, par les maximes que nous avons pofées, que leur feule volonté foit le principe de leurs actions ; que leurs Loix & leurs Ordonnances foient des effets tout purs de leur bon plaifir ; & qu'ils ne foient affujettis à aucune régle ; mais que leurs Déclarations foient les regles feules de la conduite de leurs Sujets, *précifément dans ces chofes de la vie prefente,* que nous avons données pour matiére à leur pouvoir.

C'eft donc ici ce que nous entendons par le *Pouvoir abfolu des Souverains,* fçavoir, *cette éminence, & cette*

im-

immense dignité, qui les éleve à tel point au dessus de leurs Sujets, qu'il n'y a nulle proportion des uns aux autres, ni aucune loi commune qui puisse permettre que les Peuples ayent droit de régler la volonté, & les actions de leurs Princes : De sorte que cette volonté alléguée, ferme la bouche aux Sujets, & les oblige à l'obéissance, sans qu'il leur soit loisible de se faire raison à eux-mêmes, des torts, que cette volonté executée peut leur faire ressentir, dans toutes les choses qui appartiennent à la vie corporelle.

Nous soûtenons que par la permission de Dieu, & par la nécessité de la conservation des Etats, il se peut faire, & il arrive en effet, que le Pouvoir des Princes s'éleve jusques à ce degré d'autorité absoluë, que nous venons de décrire ; & nous disons, que les Peuples qui sont assujettis actuellement à un tel Pouvoir , doivent en dépendre sans murmure, & y obéïr volontairement, en tout ce qui ne choquera par directement la conscience. 　　　　Mais

Mais parce que ce Pouvoir eſt exorbitant en luy-même, & paroit inſupportable à tous ceux qui n'en ont jamais ſubi le joug, ou qui n'ont pas bien
examiné les Droits de la Souveraineté ; avant que de paſſer aux preuves de
nôtre Théſe, il faut éloigner de nôtre
ſentiment tout ce que l'on pourroit luy
imputer de faux, & de contraire à nôtre penſée, pour le rendre moins ſoû-
tenable; Et approfondir encore un peu
davantage l'examen de l'état de nôtre
queſtion.

Nous remarquons donc, que puiſqu'il s'agit d'un Pouvoir que nous attribuons aux Princes, *ſur les Peuples*,
& dont nous tirons l'origine *de Dieu*,
il eſt néceſſaire d'y diſtinguer, l'égard
qu'il a *à Dieu* qui le donne; & le rapport
qu'il *a aux Peuples* ſur qui il s'exerce.

Si nous le conſiderons par *rapport à
Dieu*, nous diſons, que ce Pouvoir
eſt ſujet à examen, & que celuy qui
permet que les Princes l'ayent &
l'exercent, ſe réſerve la puiſſance d'en

C

faire

faire rendre compte. Car Dieu est le Roy des Rois, & il en use envers eux, avec la même Autorité, qu'il leur permet d'en user envers les Peuples. Si les Princes exercent donc tellement ce Pouvoir illimité, qu'ils fassent des injustices notoires, & des torts criants ; il est certain que Dieu les en punira, quoy que les Peuples ne puissent légitimement se rebeller, ni se venger. Car au fonds, Dieu commande aux Princes de gouverner leurs sujets avec équité, & avec justice ; & menace de ses jugemens ceux qui en useront d'une maniére contraire : Et il ne faut que lire attentivement le Chapitre 17. du Deuteronome, & le dixiéme du Prophete Esaïe, pour convenir de ce que nous disons sur ce sujet. C'est donc aux Princes de se souvenir ; qu'ils ont eux-mêmes un Souverain; Et qu'ils recevront de Dieu le salaire des injustices qu'ils auront commises contre leurs Peuples; quoy que ces Peuples ne puissent les en punir eux-mêmes légitimement,

ment , ni ſe rebeller contre eux pour
ces injuſtices , ſans offenſer Dieu, qui
a élevé ces Princes juſqu'à ce pouvoir
de les commettre impunément quant
à leurs ſujets.

Si nous conſiderons ce Pouvoir *par
rapport aux Peuples* préciſément ; ici
il faut apporter deux limitations , qui
ne diminuent pas ce Pouvoir en luy-
même , mais bornent *les temps , & les
lieux* , où il s'exerce.

Nous diſons donc premiérement ,
que la diviſion des Etats , & la diverſi-
té des Peuples , fait ici une limitation, à
l'égard de *l'étenduë des lieux* ; Et que
nul Prince du monde n'étant Monarque univerſel, chaque Souverain (à
qui un tel pouvoir eſt échû) n'a droit
de l'exercer que ſur ſes propres ſujets;
Ce n'eſt pas que la Souveraineté , ne
porte un caractére de dignité qui la
doit faire reſpecter par tout, & qu'ainſi
les Etrangers mêmes ne ſoient obligez d'honorer les Princes , dont ils ne
dépendent point. Mais cet honneur ne

C 2 peut

peut déroger à celuy que chaque sujet doit à son propre Prince ; Et l'on ne peut trouver étrange que ceux qui sont sous un Souverain, refusent de transporter à un autre, ce que leur foi les oblige de garder inviolablement à celui, sous la domination duquel ils vivent.

Nous disons en second lieu, que la même diversité des peuples déja alleguée, ou la diversité des tems à l'égard d'un seul & même Peuple, apportent encore ici *une nouvelle limitation*. Car nous ne voulons nullement insinuër, en parlant du Pouvoir absolu des Souverains, que les Peuples soient obligez, ou de s'assujettir d'eux – mêmes à un tel pouvoir, lors qu'ils en sont exemts; ou de croire que tous les Souverains, le peuvent toûjours exercer. Au contraire, nous déclarons librement, que ceux qui vivent sous un Empire plus libre & plus doux, font trés-bien de s'y maintenir, tout autant que les loix de la justice, & la condition de sujet le peuvent permettre : Et nul n'est obligé de subir ce joug,

joug, que lors que la Providence a marqué fa volonté, par un événement, qui n'a pû être empêché, que par la fédition, & par la defobéïffance illégitime.

Mais auffi nous ajoûtons, que dans tous les Etats, où ce Pouvoir eft, ou déja établi, ou va s'établiffant par des voyes que la feule rebellion injufte des fujets peut empêcher, il faut reconnoître le doigt de Dieu, adorer les fecrets de la Providence, corriger les pechez qui obligent le Souverain des Souverains à permettre cette augmentation de Pouvoir, & obtenir de fa compaffion la liberté qu'il n'eft pas permis de fe donner à foi-même. Que s'il ne plaît pas à Dieu d'exemter de ce joug ceux qui le portent, ou de le faire éviter à ceux qui le fuyent, il eft de la confcience de le porter, comme un châtiment que Dieu envoye, & contre lequel on ne fçauroit s'élever, qu'on ne s'en prenne à ce Dieu qui en eft l'Auteur.

Ainfi nous ne faifons pas difficulté

d'af-

d'aſſûrer, que quelque injuſte que puiſſe être un Souverain, à qui Dieu a
donné un tel pouvoir; quelque rigueur
qu'il exerce contre ſes ſujets, même
les plus innocens, & les plus fidéles;
de quelque maniére qu'il abuſe de ſa
puiſſance ; Les ſujets luy doivent toûjours obéïr juſqu'aux Autels & ſouffrir patiemment ; leurs ſeules armes
doivent être les ſupplications & les
priéres ; Ils doivent ſurmonter le mal
par le bien, s'il leur eſt poſſible ; ou,
s'ils ne peuvent, il faut qu'ils ſuccombent humblement au mal, par reſpect,
& par obéïſſance. Dieu qui a ordonné
leur ſouffrance, & qui eſt ſeul le maître des Rois, & des Princes, doit être
ſeul auſſi leur libérateur, de la maniére qu'il luy plaira, ſans que leur rebellion y ait part. Tellement qu'en un
mot, ce Pouvoir abſolu dont nous parlons, eſt préciſément, *un droit d'impunité* que les Souverains ont à l'égard
des Peuples ; Dieu s'étant réſervé à
luy ſeul le droit de punir les Souverains.   S'il

S'il faut, pour achever de le bien décrire, le rapporter à quelque idée
commune, & moins ignorée, nous
croyons qu'il est tout semblable à celuy *des Peres sur les Enfans*, & enco-
core à celuy *des Maîtres sur les Escla-*
ves, selon le plus ancien droit des Nations. Car chacun sçait, que les Maîtres avoient autrefois (& ont encore
aujourd'huy, aux lieux où cette sorte
de domination est en usage) puissance
de vie, & de mort, sur leurs Esclaves:
Et il est certain aussi , que les peres
avoient anciennement cette même
puissance sur leurs enfans , & qu'ils
l'ont même exercée. L'Ecriture Sainte
approuve l'une & l'autre ; celle-ci, par
les exemples des Sacrifices d'Abra-
ham, & de Jephthé ; celle-là, par des
loix expresses, qui se lisent au Chap.
21. de l'Exode.

Tout de même donc, que cette
puissance absoluë des peres sur leurs
enfans, & des maîtres sur leurs esclaves, qui a assujetti sans limitation, ce

C 4 qui

qui a donné un Pouvoir ſans bornes, a
pourtant été ſujette à l'examen de
Dieu, comme l'Ecriture l'enſeigne
formellement, Job. 31. verſ. 13. 14.
& 15. Epheſ. 5. 21. & 6. 4. & 9. Co-
loſſ. 4. 1. &c. Auſſi ce Pouvoir abſolu
qu'exercent de certains Princes, ſera
un jour examiné par la juſtice divine;
& s'il y a eû des abus, ils ſeront punis.

Mais, d'un autre côté, comme ce
compte que les peres & les maîtres
doivent rendre à Dieu, n'empêche
pas que les enfans, & les eſclaves, ne
ſoient obligez de tout ſouffrir des peres, & des maîtres ; & qu'ils ne fuſſent coupables, & puniſſables, s'ils ſe
rebelloient contre eux, ſous prétexte
qu'ils abuſent de leur Pouvoir : Auſſi,
ce que les Souverains ſont reſponſa-
bles à Dieu de leur conduite envers
leurs ſujets, n'exemte nullement les
ſujets de ſouffrir, même les injuſtices
de leurs Princes, quand ils pourroient
s'en exemter en ſe rebellant ; Et il n'y

a

a point de rencontre, où la maxime de l'Ecriture, qui défend la vengeance propre , foit plus inviolable qu'en celle-ci.

Récapitulons maintenant , pour donner plus de clarté à nôtre difcours, tout ce que nous avons expliqué dans ce Chapitre ; & donnons, en peu de mots, la vraye idée de nôtre fentiment, touchant le *Pouvoir abfolu des Souve-* *rains.*

D'abord, nous en avons diftingué la *matiére*, & la *maniére*. Nous avons dit en fuite que la matiére en étoit double, & qu'elle fe rapportoit, ou à *la vie à venir*, ou à *la vie prefente.* Puis aprés nous avons confidéré dans les chofes de la vie à venir, ce qui y eft *effenciel*, & ce qui n'y eft qu'*acciden-* *taire* ; Et nous avons *exclus le premier* de la domination des Princes ; leur concédant *le dernier*, jufques au degré qui ne bleffe pas ce premier. Reve- nant en fuite aux chofes de la vie pre- fente, nous avons pofé qu'elles *tom-*

boient

boient toutes sous la Jurisdiction des *Princes*, & qu'il n'y avoit nulle exception à faire pour leur regard.

Cela ainsi éclairci, nous avons parlé de la maniére du Pouvoir, & nous l'avons réduite à deux espéces générales, dont l'une s'appelle le *Droit temperé*, & l'autre le *Droit absolu*. Aprés cela nous avons expliqué la nature de ces deux Droits, & nous avons dit, que *Dieu permet que les Princes du monde viennent quelquefois jusques au dernier*, quoy que plusieurs Souverains ne l'ayent, ni ne l'exercent. En suite nous avons montré que ce Droit absolu, n'étoit proprement tel *qu'à l'égard des Peuples*, & que Dieu devoit un jour *l'examiner, & en punir les injustices*, s'il s'y en trouvoit. Enfin nous avons fait voir qu'à l'égard des Peuples, il consistoit proprement, dans *l'impunité des Souverains*, & nous avons rendu cela palpable par la comparaison du Droit des peres sur les enfans, & du droit des maîtres sur les esclaves.   Voici

Voici donc en un mot, le réfultat de ce Chapitre, & la Théfe que nous nous propofons de prouver dans le refte de cet Ouvrage. *C'eft que les Souverains, à qui Dieu a permis de parvenir au Pouvoir abfolu, n'ont aucune loy qui les régle à l'égard de leurs fujets; leur feule volonté eft leur loy; & ce qui leur plaît, leur eft licite, dans cette relation à ceux fur qui ils dominent; quoy que Dieu doive un jour examiner leur compte, & les punir de leurs injuftices, s'ils en commettent. De là réfulte l'impunité univerfelle de leurs actions, parmi les hommes; & l'engagement des Peuples à fouffrir fans rebellion, tout ce que de tels Princes peuvent leur faire fouffrir; n'y ayant que Dieu feul qui ait droit de les venger, comme il n'y a que luy qui ait pû donner l'autorité illimitée.* Venons maintenant à la preuve de cette Théfe.

CHA-

CHAPITRE III.

Première preuve, tirée des maximes générales de l'Ecriture.

PUISQUE Dieu est la source du Pouvoir absolu, que nous avons ci-devant expliqué, & que nous allons maintenant établir, nous ne pouvons mieux commencer à en faire la preuve que par les Saintes Ecritures, où il a plû à Dieu de déclarer sa volonté aux hommes, tant sur ce Pouvoir, que sur une infinité d'autres choses.

Or la Parole de Dieu est si expresse sur le sujet dont nous traitons, que non seulement en général elle éloigne toutes bornes de la Puissance des Souverains Monarques, & dès Princes absolus, mais elle a soin même d'appliquer en particulier ce Pouvoir illimité aux diverses sortes de choses qui s'y réduisent, & que nous avons diversement distin-

distinguées dans le Chapitre précédent.

Mais il faut ici considérer que l'Ecriture Sainte contient deux sortes d'enseignemens sur cette matiére, les uns dérivez de la *Raison*, les autres résultans de la *Grace*. Car la Loy & l'Evangile partagent, ou pour mieux dire distinguent toute la Bible. De là naissent deux genres de preuves divines pour le Pouvoir absolu. Le premier genre est fondé sur les maximes que la Loy autorise, que la Raison approuve, & que l'Ecriture propose sous des idées communes, & générales. Le second genre se tire du genie plus particulier de l'Evangile, & des maximes que la Grace seule établit, & que la foy seule reçoit.

Or comme ces deux sortes de preuves sont trés-différentes en elles-mêmes, & néanmoins se donnent du jour & de la force les unes aux autres étant proposées distinctement, nous allons les separer, & leur donner à chacune un Chapitre à part ; commençans par celles qui sont les plus *générales*, & qui, par cela même que la raison les goûte, serviront comme d'introdu-ction aux autres, que l'on ne conçoit que par la Foy.

Nous sçavons qu'il y a plusieurs passages dans l'Ecriture, qui ordonnent trés-expressement *d'obéir aux Princes*, qui défendent de *leur être rebelle*, qui leur attribuent *la domination sur les Peuples*, qui disent, que *qui leur résiste, résiste à Dieu même*. C'est en ce sens que parle Salomon, Proverb. 16. 14. & 20. 2. & 24. 21. &c. C'est de la même maniére que s'énonce S. Paul Rom. 13. vers. 1. 2. 3. 4. 5. & 6. C'est ainsi que S. Pierre s'exprime 1. Pier. 2. vers. 13. 14. & 17. &c.

Mais tous ces passages sont trop vagues, & trop généraux (au moins en cet endroit) pour nôtre Thése particuliére. Il nous faut précisément ici des témoignages qui expriment formellement le Pouvoir absolu des Princes,

jusques

jusques à ce que la suite de nôtre dis-
cours nous donne lieu de montrer, que
ceux-là mêmes que nous venons de ci-
ter emportent un tel Pouvoir, par une
légitime conséquence.

Pour presser donc davantage la ma-
tière, nous disons, qu'il nous semble
que nul n'est plus capable, ni plus digne de nous instruire sur ce sujet, que
celuy qui mérita l'eloge du plus sage
Roy de son temps, & qui joignit à l'inspiration divine, tout ce que les lumiéres de l'esprit humain ont de plus pé-
nétrant, & tout ce que l'expérience a
de plus certain.

Ecoutons-donc Salomon (car il est
clair que c'est luy que nous désignons
par ces paroles) voici comme il parle
sur la matiére que nous traitons, Ec-
clesiast. chap. 8. vers. 2. 3. & 4. *Prens*
garde, je te le dis, à la parole du Roy,
& au commandement que tu as juré à
Dieu d'observer, ne te précipite point,
en te retirant d'avec luy, & ne trempe
point à quelque mauvais dessein. Car

le Roy fait ce qui luy plaît. Où est la parole du Roy, là est la domination. Et qui luy dira, que fais-tu? Ces paroles de Salomon etablissent le sentiment, que nous avons ci-devant expliqué, touchant le Pouvoir absolu des Princes, d'une maniére, & si claire, & si forte, qu'il seroit mal-aisé d'y rien ajoûter.

Car, 1. Elles ordonnent, avec une instance merveilleuse, de *prendre garde à la bouche du Roy*, c'est à dire, d'obéïr ponctuellement à ses ordres, *Prens garde, je te prie, ou, je te le dis, à la bouche du Roy.* 2. Elles fortifient cet ordre par la considération du *serment fait à Dieu*, & de l'obligation indispensable de tenir ce que l'on a promis par jurement, à un Maître si puissant, & si capable de punir les parjures; *Prens garde aussi à la parole du jurement de Dieu.* 3. Elles défendent formellement la *rebellion*, & les *complots* qui se pourroient faire, au préjudice de la Puissance, & déclarent que

c'est

c'est se précipiter dans le mal, que d'y tremper : *Ne te précipite point, en te retirant d'avec le Roy, & ne trempe point à quelque mauvais dessein.* 4. Pour ôter les vains pretextes aux seditieux, qui pourroient alléguer l'injustice, & la violence des Princes, pour autoriser la rebellion, elles ajoûtent, que le *Roy fait tout ce qui luy plaît,* & signifient par là, que Dieu a mis les Princes dans sa place, & dans ses droits, en ce monde; & qu'il ne s'est reservé que le Ciel, & la conscience de la Religion. Car c'est par ces mêmes termes, que David a exprimé le Pouvoir infini de Dieu, en l'attachant au Ciel, & en donnant la Terre aux hommes, Pseau. 115. vers. 3. & 16. *Nôtre Dieu est aux Cieux & y fait tout ce qu'il luy plaît. Les Cieux appartiennent à l'Eternel, mais il a donné la Terre aux fils des hommes.* 5. De peur que l'on ne crût que ce qui est dit du Roy, *qu'il fait tout ce qu'il luy plaît,* ne fût plûtôt, un effet de sa force, qu'un droit de son Pouvoir, le Sage

Sage ajoûte, *Que là où est la parole du Roy, là est la domination*, ou, *le droit de dominer.* Car c'est là la force du mot Hebreu, qui est précisément celuy de *Sultan* dans ce texte ; & dont le Prince Turc se sert aujourd'huy pour exprimer son Autorité Despotique. 6. Enfin, pour arrêter tous les raisonnemens, & pour prévenir toutes les exceptions, Salomon déclare, avec une interrogation pleine d'emphase, que nul n'a droit de reprendre le Prince, ni de luy faire rendre compte de ce qu'il fait, *Qui est-ce*, dit-il, *qui luy dira que fais-tu ?* Car cette phrase, est celle-la même, dont se sert par toute l'Ecriture, l'Esprit du Dieu, pour exprimer le droit infini de Dieu ; comme on le peut voir, 2. Samuel 16. 10. Juges 3. 18. Job 9. 12. & 34. 19. Daniel 4. 32. &c.

Il est donc aisé maintenant de conclure de ce passage de l'Ecclesiaste, que les Souverains peuvent exercer le Pouvoir absolu, & illimité. Car si *nul*

*ne peut dire au Roy, que fais-tu ? Si,
au contraire, le Roy peut faire tout ce
qui luy plaît : Si, sa parole est conjointe
au droit de dominer : Si, l'on se précipite au mal, en se rebellant contre les
Rois, & en complottant contre eux :*
Quelle exception peut-on apporter
à leur Pouvoir, au moins, de la part &
au nom des hommes ? Et par quel prétexte bornera-t-on leur Autorité ?

Mais ce n'est pas Salomon seul, qui
a parlé avec tant de force sur ce sujet :
Le Prophete Samuel en avoit dit autant que luy, & en des termes encore
plus clairs, & plus précis, dans le Chap.
8. du premier livre que nous avons
sous son nom, depuis le vers. 11. jusqu'au 18. dont il est nécessaire de
rapporter l'occasion, avant que de les
transcrire ici.

Il faut donc remarquer que le Peuple d'Israël étant las de la Théocratie,
(car c'est ainsi que son Gouvernement
est appellé par Josephe) voulut avoir
un Roy comme les autres Nations,

&

& en demanda un à ce Saint Prophete. Ce Saint homme consulta Dieu
là-dessus. Dieu luy ordonna d'accor-
der à ce Peuple sa demande : mais à
condition, de luy en representer auparavant la consequence, & de luy déclarer exactement le Droit des Rois,
afin qu'il ne prétendit pas secoüer le
joug en suite s'il s'en trouvoit accablé,
puis qu'il auroit été deuëment informé
de sa pesanteur. Ce Saint Prophete
obéit à Dieu ; il déclare à ce Peuple
ce que les Rois auront droit de faire, il
l'exaggere, exprés pour détourner ce
Peuple de la pensée d'avoir un Roy, &
pour luy faire craindre le joug ; Voici
donc ses propres paroles.

*C'est ici le droit du Roy qui régnera
sur vous. Il prendra vos enfans, &
les établira sur ses chariots, & sur ses
Gens de cheval , & ils courront devant son chariot. Il les établira aussi
pour chefs de milliers, & pour chefs de
cinquantaines ; Et pour cultiver ses
terres, & pour moissonner ses moissons,
&*

& pour faire ses instrumens de guerre, & l'attirail de sa Cavalerie. Il prendra vos Filles, pour luy servir de Parfumeuses, de Cuisiniéres, & de Boulangéres. Il prendra encore, vos champs, & vos vignes, & vos bons oliviers, & les donnera à ses serviteurs. Il dîmera vos champs, & vos vignes, & les donnera à ses Officiers, & à ses serviteurs. Il prendra aussi vos Esclaves, & vos Servantes, & l'élite de vos jeunes gens, & vos ânes, & les employera à sa besogne. Il dîmera vos Troupeaux. En un mot, vous luy serez esclaves. Et vous crierez, en ce temps-là, à cause de vôtre Roy, que vous vous serez choisi, mais l'Eternel ne vous répondra point.

Ce sont là les paroles que Samuel dit au Peuple d'Israël, par l'ordre de Dieu, pour leur exprimer le droit des Rois, ou le Pouvoir absolu; Je ne sçay s'il faut que j'y refléchisse pour en faire bien remarquer la force. Pour le moins sçai-

sçai-je bien, que ceux qui ont appris ce qu'emporte le mot d'*Esclaves*, n'auront pas besoin de mes réflexions ; & si le droit des Rois peut aller jusqu'à l'*esclavage de leurs sujets* , je ne voy plus de réserve à faire, ni de limitation à apporter. Aussi me suis-je servi, dans le Chapitre précédent, de la comparaison *du droit des Maîtres sur les Esclaves*, pour éclaircir ma pensée. Mais qu'est-ce que signifie autre chose toute cette exageration de Samuel, & cette distinction, de *champs*, de *vignes*, d'*oliviers* , d'*ânes* , de *fils*, de *filles*, de *serviteurs*, de *servantes*, qu'il veut que le Roy ait droit de prendre ? Ce dénombrement de *tous les biens*, & de *toutes les personnes* , à quoy tend-il, qu'à faire comprendre que les Rois, & les Princes absolus, ont tout en leur puissance, & qu'on ne peut rien soustraire à leur Autorité, de tout ce qui appartient à cette vie ?

Que si quelqu'un s'imagine, que ce n'est ici qu'une idée, & que le Droit

des

des Princes ainſi exprimé, n'a jamais
paſſé en titre de Loy, ou ne s'eſt jamais exercé. On n'a qu'à lire le Chap.
10. du même premier Livre de Samuel, verſ. 25. on y verra que le Peuple d'Iſraël, ayant voulu un Roy aux
conditions alleguées, le Saint Prophete en établit un, expliqua derechef, *ce
Droit du Royaume*, en preſence du
Peuple, & *l'écrivit en un Livre*, afin
qu'il fût obſervé en temps, & lieu,
comme une Loy invariable.

Il eſt vray qu'il y a des Docteurs, qui
diſtinguent ce *Droit du Royaume* dont
il eſt parlé, 1. Samuel. 10. 25. d'avec
cet exercice de la Puiſſance Royale, que
nous venons de décrire, par 1. Samuel.
8. Et qui entendent ce dernier, de
l'abus de la Puiſſance, & non pas du
Droit. Mais, ſi cette exception eſt
bonne, pourquoy l'Eſprit de Dieu a-
t-il pris plaiſir à nous faire une équivo-
que, exprimant par un même mot hebreu ce qui eſt décrit, 1. Samuel. 8.
& ce qui eſt écrit. 1. Samuel. 10 ?
D'ail-

D'ailleurs, quelle apparence y a-t-il que Samuel ait ſi foiblement raiſonné dans ce 8. Chapitre ; Et que voulant combatre le deſir d'avoir un Roy, il n'ait employé que des raiſons tirées de l'abus de ſa puiſſance ; laiſſant ainſi, au Peuple, qu'il vouloit perſuader, l'exception ouverte, & facile à ſes raiſons, par la diſtinction de l'abus, & de l'uſage ?

Mais je paſſe plus avant, & je dis, que cela même poſé, que Samuel n'exprime par les mots du Chap. 8. que *l'abus de la Puiſſance*, nôtre argument n'en eſt pas moins fort. Car nous ne diſons pas, que les Princes uſent toûjours d'un juſte Droit, ni faſſent toûjours Juſtice, en exerçant le Pouvoir abſolu ; au contraire, nous avons ci-devant déclaré, que *leur geſtion viendra en compte devant Dieu, & que s'il s'y trouve de l'abus, elle ſera punie.* Nous ſoûtenons ſeulement, qu'encore que les Princes abuſent de leur Pouvoir, les Peuples n'ont pas droit de ſe rebeller ;

rebeller; & *qu'il y a un droit d'impuni-*
té abſoluë pour les Princes, à l'égard
des Peuples, quoy que non pas à l'égard
de Dieu; C'eſt là nôtre Theſe expreſſe.
Or c'eſt auſſi ce que Samuel poſe auſſi
formellement que nous, dans le paſſa-
ge allegué, du Chap. 8. de ſon premier
livre ; Car il proteſte au verſ. 18. que
le Peuple (preſſé, & accablé ſous le
joug des Princes qui exerceront leur
Pouvoir de la maniére qu'il l'a décrit)
aura beau crier à Dieu pour être de-
livré, Dieu ne l'exaucera point à cet
égard : leſquelles paroles, ou ne ſigni-
fient rien, ou ont le ſens de nôtre Théſe. Car 1. Samuel diſant que le *Peuple*
accablé, criera à l'Eternel, il marque
évidemment, que ce que nous avons
dit ci-devant touchant la maniére d'ê-
tre delivré du joug du Pouvoir abſolu,
eſt indubitable ; ſçavoir, qu'il n'appartient point aux ſujets mêmes de ſe faire
raiſon, mais que leurs ſeules armes,
doivent être les ſupplications, & les
priéres. 2. Ce que le Saint Prophete

ajoûte,

ajoûte, que *Dieu n'exaucera point ce Peuple, quoy qu'il crie*, ſignifie claire-ment qu'il faudra révérer l'ordre, & la volonté de Dieu, dans la ſoûmiſſion à ce joug ; & que le ſecoüer par rebel-lion, ce ſeroit aller contre l'Autorité de celuy qui déclare, en ne voulant pas exaucer les cris, que ſon bon plaiſir eſt que l'on ſouffre. 3. Ce qui eſt dit, que *Dieu n'exaucera point*, emporte auſſi l'évènement même, & inſinuë, que non ſeulement, Dieu n'agréra pas que l'on veüille ſe ſouſtraire, mais que même il l'empêchera, & fortifiera la Puiſſance contre la rebellion du Peu-ple, s'il arrive au Peuple de ſe ſoûle-ver. Or toutes ces choſes, qui ſont, ou formellement énoncées par Samuel dans le texte allegué, ou qui s'en tirent par une conſequence trés-claire, ſont préciſément les mêmes que contient nôtre Théſe, & qui forment nôtre ſentiment ſur le droit, ou Pouvoir ab-ſolu.

Ajoûtons à ces deux paſſages de Sa-lomon,

lomon, & de Samuel, qui contiennent des maximes générales & uni-
verfelles fur nôtre fujet, & par là un
peu plus abftraites ; ajoûtons-y , dis-je,
les divers exemples des Princes, dont
l'Ecriture nous décrit les Régnes, qui
expoferont comme à nôtre vûë ce que
nous n'avons encore compris que par
la raifon. Car par ces exemples j'en-
tens des exemples autorifez ; aufquels
l'Ecriture rend témoignage, & lefquels elle approuve, en les rapportant,
afin qu'on n'excepte pas d'abord,qu'ils
n'ont pas la force de preuves. Or il y
en a un grand nombre de tels, & dans
l'Ancien Teftament, & dans le Nouveau ; tant de bons , que de mauvais
Princes ; tant du Peuple de Dieu, que
des Infidéles. Commençons par les
bons, & par ceux du Peuple de Dieu,
& finiffons par les mauvais, & par les
Infidéles, afin que par cette méthode.
nos argumens aillent en fe fortifiant,
& rendent nôtre preuve plus indubitable.

D 2

David,

David, qui est appellé l'*homme se-*
lon le cœur de Dieu, me suffira en cet
endroit pour tous les bons Princes; Il
fut de cet ordre, en son temps, sans
contredit;& la parole de Dieu, qui luy
donne cet éloge, n'est ni sujette à l'erreur, ni flatteuse. S'il a donc usé du
Pouvoir absolu ; s'il a marqué en de
certaines occasions, avoir un droit sans
réserve, sur *les biens*, sur *l'honneur*, &
sur *la vie* de ses sujets ; S'il a disposé à
sa volonté de toutes ces choses, sans
que ses sujets pûssent légitimement en
prendre occasion de se rebeller contre
luy ; Je ne croy pas, que l'on puisse
disconvenir, que le Pouvoir absolu ne
soit bien prouvé. Or il ne faut que consulter l'histoire Sainte, pour y trouver
divers exemples de ce que je viens d'attribuer à David.

A l'égard des *biens*, nous lisons. 2.
Samuel. 16.4. Qu'il donna, à Tsiba
serviteur de Mephiboschet, tous les
biens de son Maître, de sa pleine puissance & Autorité Royale. Et pour
mieux

mieux faire voir le droit abſolu, qu'il avoit en cette rencontre, c'eſt que la calomnie par laquelle Tſiba s'étoit attiré cette libéralité étant découverte, David ne laiſſe pas d'ordonner que le calomniateur retiendra la moitié de ces biens, 2. Samuel 19. 30. Et Mephiboſchet, bien loin de conteſter à David le droit de diſpoſer ainſi de ſes biens, marque même tenir à grace ce qu'il luy en laiſſe, & avouë que quand Tſiba retiendroit tout, il n'auroit quant à luy aucun ſujet de s'en plaindre.

Pour ce qui regarde l'*honneur*, l'exemple d'*Urie*, *& de Bath-Soheba*, eſt trop connu, & trop éclattant, pour n'être pas allegué. Il eſt vray qu'en cela David péche horriblement, & qu'il en fait une ſevere penitence; mais envers qui péche-t-il proprement? au moins pour en être reſponſable, & puniſſable? certes il le déclare lui-même au Pſeau. 51. verſ. 6. car il dit, parlant à Dieu, *J'ay péché contre toy, contre* *toy seul ; & j'ay fait ce qui est mauvais devant tes yeux.* Sur lesquelles paroles, les Docteurs n'ont pas manqué de remarquer, ce Pouvoir des Souverains, dont nous parlons. Aussi ne lisons-nous point que Bath-Scheba, avec qui David commit adultere, ait été considerée comme coupable dans cette action, ni qu'elle en ait été punie, comme fut David ; parce que l'Autorité Royale qui l'assujettit à ce péché, fut une couverture pour elle, par l'obéïssance à laquelle elle fut forcée.

Reste *la vie*, pour laquelle l'exemple d'Urie nous peut servir encore ; & l'obéïssance que rendit Joab en cette rencontre y doit être soigneusement considérée, car le crime ne luy en est nullement imputé, mais à David seul, 2. Samuel 11. 17. & 12. 9. Mais nous avons un autre exemple, bien plus propre pour nôtre preuve que celuy d'Urie ; C'est celuy que nous fournit la réponse que fit David à la femme Tekohite, lors qu'elle luy demandoit grace

pour

pour celuy de ses enfans, qu'elle feignoit avoir tué l'autre ; 2.Samuel 14.
vers. 9. 11. & 12. Car ce juste Prince,
promet là à cette femme, même avec
serment, que ce frere, meurtrier de
son frere, ne sera point puni, quoy que
la Loy de Dieu eût si expressément
défendu d'épargner les meurtriers, &
eût déclaré que la Terre seroit souillée
par l'impunité de tels crimes. Exod.21.
13. 14. Deuter. 19. 13. &c.

Mais quelqu'un dira peut-être ici,
que la faveur, où étoit David envers
Dieu, luy donnoit beaucoup de privi-
lege, & luy faisoit passer beaucoup de
choses. Que Dieu qui autorisa la rebellion d'Ezechias contre le Roy des
Assyriens, parce qu'il l'aimoit ; ne
voulut point approuver celle de Sedécias contre le Roy de Babylone, parce
que Sedécias étoit méchant, & desa-
gréable. Qu'il n'y a donc pas de conséquence, de ce qui a été permis à David, au droit des Princes en général.
Pour montrer la nullité de cette exce-

 ption,

ption, venons aux exemples des mauvais Princes , & montrons aussi leur
Pouvoir absolu par l'Ecriture.

Nous lisons au Chap. 12. du 2. livre
des Rois, & au Ch. 10. du 2. des Chroniques que Roboam fils de Salomon,
porta, par sa dureté, & par sa cruelle
réponse dix Tribus d'Israël à la révolte. Cependant, quelque plausible que
parut le sujet de cette révolte, à l'é-
gard de ces Tribus, elles en sont sévé-
rement punies enfin ; & leur servitude
chez les Assyriens y est rapportée comme à sa cause. 2. Rois 17. Esaïe. 8. 5.
6. Jehu fils de Nimsci reçoit un ordre
exprés de Dieu de détruire la maison
d'Achab, qui fut le plus méchant de
tous les Rois d'Israël, 2. Rois 9. Cependant, sa race est punie, pour l'execution de cet ordre, par Hosée 1. 4.
à cause que le commandement de
Dieu y avoit été moins consideré que
l'ambition particuliére de supplanter
son maître n'y avoit agi, comme la
continuation du service idolatre en
faisoit foy.   Mais

Mais contemplons principalement Saül, ce misérable rejetté & abandonné de Dieu; Toute sa vie n'est presque qu'une suite continuelle de preuves du Pouvoir dont nous parlons. Lisez le Ch. 22. du 1. livre de Samuel, vous y verrez que ce Prince s'attribuë, comme une chose incontestable, & reconnuë de tous, la Puissance de *donner des champs, & des vignes, à qui il luy plaît.* vers. 7. Qu'il fait mourir de pleine autorité, *quatre-vints Sacrificateurs de l'Eternel.* vers. 18. Qu'il est suivi par son armée & obéï, dans *la destruction d'une Ville innocente,* vers. 19. Qu'il persécute David, & le va chercher par tout, pour le faire mourir, avec des armées entiéres, 1. Samuel 23. 24. 25. & 26. Et comme c'est de sa procédure envers David, & de celle de David envers luy, que nous tirons la plus éclattante, & la plus invincible de toutes nos preuves, arrêtons-nous-y un peu plus que sur les autres circonstances de sa vie.

D 5 Cha-

Chacun sçait que David, avoit été oint par le Prophete Samuel pour être Roy sur Israël, au lieu de Saül, lequel Dieu avoit déclaré indigne du Royaume. 1. Samuel 16. On sçait encore, que Saül persécutant David trés-injustement, & voulant luy ôter la vie, Dieu promit à David de luy livrer entre les mains son Persecuteur, pour se venger de luy, s'il vouloit. 1. Sam. 24. 4. Cependant quoy que Dieu eût éxécuté sa promesse à cet égard, même par deux fois ; quoy que Saül fut un trés-méchant, & trés-injuste Prince ; quoy qu'il voulut faire mourir David ; quoy qu'il le persecutât à outrance ; David déclare hautement qu'il ne le peut tuer sans être coupable ; Et nous fait cette belle, & sainte leçon, qui se lit. 1. Samuel 24. 6. & 1. Samuel 26. 9. 10. 11. que nous rapporterons ici toute entiére, à cause de sa force, & de sa conséquence.

Voici donc les paroles de ce saint homme. 1. Samuel 24. 6. *Ja ne m'a-*
vien-

vienne, dit-il, de par l'Eternel, de faire cette chose cy à Monseigneur l'Oint de l'Eternel, de mettre mes mains sur luy, car il est l'Oint de l'Eternel : Et au Chap. 26. *Ne luy fay point de mal, dit-il à* Abisçaï qui vouloit le tuer, *car qui est-ce qui mettra sa main sur l'Oint de l'Eternel, & sera innocent ? l'Eternel est vivant, qu'à moins que l'Eternel luy même ne le frappe ; ou que le jour de sa mort n'arrive ; ou qu'il ne descende en bataille, & y périsse ; ja ne m'avienne, de par l'Eternel, de mettre ma main sur l'Oint de l'Eternel.*

Or qui n'inférera maintenant de ces paroles la verité de nôtre These touchant le Pouvoir absolu ? ou, pour dire, qui ne reconnoîtra qu'elle y est exprimée en termes formels ? Certes, Saül péchoit horriblement en persécutant David ; David pouvoit tuer Saül sans risque, lors que Dieu le luy livra ; D'ailleurs même David étoit Roy de droit, par l'élection de Dieu ; & Saül résistoit à l'ordre divin en retenant le

Royau-

Royaume ; Outre tout cela mille crimes, & mille injustices, rendoient Saül punissable ; Néanmoins David l'épargne, le respecte, & déclare coupable quiconque mettra la main sur lui : Quel prétexte peuvent avoir aprés cela ces *Tirannicides* ? avec quel front peuvent-ils opposer les exemples, & les vains raisonnemens de la fausse générosité Payenne, à l'exemple, & au témoignage divinement inspiré de David ? Et qui peut nier maintenant, *l'impunité absoluë des Princes à l'égard des Peuples.*

Dira-t-on, pour dernier subterfuge, que Dieu avoit donné un tel droit d'impunité aux Rois d'Israël ; & que peut-être ce *Droit du Royaume* écrit par Samuel, & ci-devant mentionné, en régloit la maniére ; mais que cela a dû être sans conséquence pour les autres Princes ; & qu'en effet, Aod, ou, Ehud, tua légitimement Héglon Roi de Moab, Jug. 3. & Samuel Agag. 1. Sam. 15. &c. Passons donc, pour fermer

mer entiérement la bouche aux contre-
difans , à la déduction des exemples
des Princes infideles, à qui le même
droit eft donné par l'Ecriture.

Nous apprenons de Daniel , au Ch.
5. de fon livre, verf. 19. *Que Dieu*
avoit tellement exalté le trône de Nebu-
cadnetfar Roy de Babylone , & fi fort
accrû fa Puiffance, qu'il étoit la ter-
reur de tous les Peuples, & que les plus
Grands trembloient devant luy ; qu'il
faifoit mourir qui il vouloit , & épar-
gnoit qui il vouloit ; qu'il élevoit, ceux
qu'il luy plaifoit d'élever ; & abaiffoit
tout de même ceux qu'il luy fembloit bon
d'abaiffer. Le même Prophete au ch.
4. du même livre, verf. 19. exprimant
la même chofe en d'autres termes, dit,
que *la Puiffance de ce Prince eft par-*
venuë jufques aux Cieux , & fa domi-
nation jufques aux extrémitez de la
Terre. Phrafes que l'Ecriture employe
ordinairement pour exprimer ce qui
eft illimité, tant à l'égard du degré,
qu'à l'égard de l'étenduë , comme il
pa-

paroît par Job 11. 8. 9. Proverb. 25.
2. &c. & comme la raison même le
veut, puisque la hauteur des Cieux,
& les extrêmitez de la Terre, sont des
choses qui surpassent nos idées. C'est
au même sens, & conformément à nos
propres expressions ci-devant em-
ployées, que le Prophete Esdras, au
ch. 9. de son livre, vers. 9. confesse
devant Dieu, que *luy, & le Peuple
d'Israël, sont serfs, ou esclaves des
Rois de Perse.* Voilà pourquoy, au
ch. 4. du même livre, vers. dernier, il
tient à grace de ce que ces Rois là ont
permis de relever la maison de Dieu,
& il est dit, que *l'ouvrage de cette maison cessa par la défense que fit le Roy de
Perse, de le continuer.* Ce qui est sans
doute, la plus authentique preuve, de
la Puissance qu'ont les Princes sur leurs
sujets, & sur tout ce qui leur appartient, que l'on puisse jamais alléguer.
Car, que peut-on ajoûter à Pouvoir
d'empêcher le service exterieur du vrai
Dieu, & le rétablissement de son Temple

ple démoli ? Si les Ifraëlites dûrent obéïr à cet égard, en quoy pourra-t-on defobéïr légitimement, quant à l'ufage des chofes extérieures ?

Or c'eft ici, que les paffages des Proverbes, & du Nouveau Teftament alleguez dés le commencement de ce Chapitre, pour prouver *la néceffité générale d'obéïr aux Puiffances*, peuvent être réduits *au fens particulier de nôtre Théfe*, & être appliquez au Pouvoir abfolu. Car puifque tous les autres, citez en fuite, ont ce fens là, rien ne peut plus empêcher que nous ne le donnions auffi à ceux-là, entant qu'ils ordonnent l'obéïffance Politique, laquelle fe trouve devoir être portée jufqu'au degré expliqué, & établi.

Mais les commandemens de S. Paul & de S. Pierre, ont en ceci leur force particuliere, fans rien emprunter d'ailleurs pour le fonds. Car le temps auquel ces deux Saints Apôtres nous ont écrit ces leçons, tomboit fous les Princes Payens ; & fous des Princes,

qui,

qui , outre leur idolatrie , étoient abandonnez à toutes fortes de méchancetez , & commettoient toutes fortes d'injustices ; Il ne faut que se souvenir, que ces Princes étoient Tibére, Caligula, Claude, & Neron, pour tomber d'accord de ce que je dis ici ; Car si l'on devoit dépendre de tels Princes, & *si leur résister, étoit résister à Dieu*, comme S. Paul le dit formellement ; Je ne voy pas, quels sont les Princes contre qui on peut légitimement se rebeller ; Il faut avoüer qu'il n'y en a point , & qu'il n'y en peut avoir. Et par là, *l'impunité absoluë à l'égard des Peuples*, est encore invinciblement prouvée.

Je ne puis m'empêcher de couronner tous ces exemples, & toutes ces maximes , par l'exemple du mariage de la Reine Esther avec le Roy Assuerus. Dieu n'avoit rien défendu plus expressément sous la Loy, que les mariages bigarrez de son Peuple avec les Infidéles, & les causes de cette défense étoient manifestement de conscience, & regardoient la Religion. Cependant, voici une sainte & pieuse personne, élevée par un Juif des plus austéres, & des moins relâchez ; qui au lieu d'être cachée, & dérobée à la connoissance d'un Roy idolatre, est abandonnée à ses desirs, & enfin mariée avec luy. Comment accorderons-nous cela avec la pure conscience? Il est certes trés-aisé, en reconnoissant le Pouvoir absolu des Princes ; Dieu a cédé aux Souverains pareils à Assuerus un Empire Despotique sur les biens temporels, sur l'honneur, sur les personnes de leurs sujets. Esther, par le Gouvernement de Perse, étoit esclave du Roy Assuerus ; ce Prince avoit le pouvoir de la prendre, en cette qualité; Elle eût commis une rebellion contre son Autorité, en se dérobant à ses poursuites, Elle devoit donc se marier avec luy ; & la défense de la Loy trouvoit une légitime exception, dans la nécessité que la sujettion luy imposoit. Seulement

lement elle devoit garder sa Religion
& sa conscience pure, & se donner
garde du Paganisme, ce qu'elle fit
aussi soigneusement.

Quant aux actions d'Aod contre
Heglon, & de Samuel contre Agag,
qui ont été ci-dessus alleguées, comme des exceptions à nôtre Thése ; Il
faut y répondre en un mot, ce que ré-
pondit Jesus Christ aux deux Disciples qui vouloient faire descendre le
feu du Ciel sur les Samaritains, à l'i-
mitation d'Elie, *Vous ne sçavez de
quel esprit vous étes.* C'est à dire, que
ces actions ont été extraordinaires, &
inspirées, ou commandées immédiatement de Dieu, voilà pourquoy elles ne doivent point être imitées ;
Quand la vertu de Dieu se déployera
extraordinairement par quelqu'un, en
miracles manifestes, ce quelqu'un là
aura à voir, si sa Charge porte qu'il
fasse des executions semblables à celles d'Aod, & de Samuel. Mais quant
à ceux qui n'ont ni inspiration, ni com-
mande-

mandement immédiat de Dieu , ni commiſſion extraordinaire, ils doivent ſuivre les enſeignemens ordinaires de leur devoir, & s'aſſujettir aux Loix.

Concluons donc ce Chapitre en diſant , que puiſque Salomon , & Samuel, attribuent aux Princes la Puiſſance abſoluë; puiſque David l'a exercée ; puiſque la rebellion des dix Tribus contre Roboam a été punie ; puiſque la famille de Jehu a payé le ſang de la maiſon d'Achab ; puiſque Saül n'a pû être tué par David, même ſans crime ; puiſque le Pouvoir de Nebucadnetſar a été illimité ; puiſque les Iſraëlites ont été Eſclaves des Rois de Perſe ; & puiſque enfin la pieuſe Eſther a dû ſe donner à Aſſuerus; puiſque, dis-je, toutes ces choſes ſont ainſi, ſelon l'Ecriture, concluons en diſant, que le Pouvoir des Princes peut être abſolu, & ſans bornes, à l'égard des Peuples qui leur ſont aſſujettis.

CHAPITRE IV.

Seconde preuve tirée des maximes particuliéres de l'Evangile.

SI les argumens, que nous avons produits jusques ici, ne peuvent être justement rejettez ; Et si la preuve qui en résulte, tirée des maximes générales de l'Ecriture, établit solidement nôtre Thése : Le génie particulier de l'Evangile, & le changement que la Grace a apporté à l'état des hommes, nous fournissent de nouvelles raisons, dont la force paroit encore beaucoup plus convaincante, & s'insinuë beaucoup plus puissamment dans l'esprit de ceux que la Foy a éclairez.

Pour voir ceci dans tout son jour, il faut considerer, que l'homme ayant été créé dans un état naturel d'innocence & de félicité terrienne, & ensuite en étant déchû par son crime ;

Dieu,

Dieu, qui a eû la bonté de le relever de ſa chûte, & de luy rendre & la Juſtice, & le bonheur, a pris occaſion de ſa miſére, pour le mettre dans une condition plus heureuſe, & ajoûtant la Grace à la Nature, pour empêcher la récidive, au lieu des lumiéres de la ſimple raiſon pour la connoiſſance, il a donné la révélation de la *Foy* ; au lieu des maximes de la juſtice pour l'action, il a donné les préceptes de la *Charité* ; & au lieu des vûës de la vie terrienne & naturelle pour le bonheur, il a donné les promeſſes de la gloire du Ciel, & a fait naître *l'Eſperance*, que nous appellons Chrêtienne.

De là vient qu'aujourd'huy ſous l'Evangile, l'état de l'homme eſt entiérement nouveau, & tout à fait different de ce qu'il eût été ſous la Nature, quand même Adam n'eût point péché. Car la condition d'Adam ſe réduiſoit, *au corps ſenſuel, & à l'ame vivante*, comme parle S. Paul 1. Corinth. 15. 45. Mais la condition où
éleve

éleve Jesus Christ, va *au corps spirituel, & à l'esprit vivifiant*, comme
dit le même Apôtre au même endroit.
Les biens de ce monde sensible, avec
les joyes perceptibles par l'intelligence
humaine, eussent fait la félicité d'A-
dam, s'il eût persévéré dans sa premiére innocence ; Mais la félicité qui
vient de Christ, éleve les Disciples de
la grace aux biens du monde à venir,
& aux joyes que l'esprit surnaturel fait
seul goûter. Voilà pourquoy cet Esprit est appellé *nôtre sceau, l'arrhe de
nôtre heritage, nos prémices*, en attendant la pleine possession des biens fu-
turs. Ephes. 1. 13. & 14. Rom. 8. 23.
&c. Voilà pourquoy encore les Chrêtiens sont considerez *comme Pelerins,
& Etrangers dans ce monde* ; il est dit,
*Qu'ils n'ont point de Cité où ils puissent
demeurer ; le Ciel est appellé leur Pa-
trie* ; Ils sont continuellement exhor-
tez *à chercher les choses qui sont en
haut.* Ps. 39. 13. Coloss. 3. 2. Hebr.
11. vers. 9. 14. & 16. &c.

Et

Et comme dans tous les Ouvrages bien réglez, les moyens doivent répondre à la fin, & avoir de la proportion avec elle ; aussi dans le Christianisme, que la sagesse de Dieu a admirablement ordonné & conduit, si la fin ou le but est le Ciel, & si les biens à venir, que l'espérance embrasse, font le bonheur ; les moyens pour atteindre à ce but, & pour obtenir ces biens, sont célestes tout de même, & tendent à détacher de la terre. Il y a donc une pareille différence, à proportion, entre la sainteté Chrétienne, & l'innocence naturelle, qu'il y a entre le bonheur d'Adam & celui de Jesus Christ. La nature exigeoit l'égalité & la justice, la grace demande la charité. La nature enseignoit à rendre à chacun ce qui lui appartenoit, la grace veut que l'on donne au prochain ce qui ne lui appartient pas de droit, & que l'on cherche son utilité contre l'intérest propre. La nature se contentoit de défendre de nuire, &

étant

étant fans péché, & fans miſére, dans fa première création, elle n'avoit aucune occaſion d'exercer la miſéricorde, ni de ſouffrir par patience : mais la grace fait de la compaſſion, & de l'humble ſouffrance les principales vertus du Chriſtianiſme ; & la même ſageſſe qui a tiré le bien du mal, par le changement du bonheur terrien au céleſte, a tiré auſſi la lumiére des ténébres, par l'accroiſſement de la ſanctification, & par la matiére que le vice a fourni aux vertus patientes & miſéricordieuſes, que la nature ne connoiſſoit point.

Mais il y a plus encore ; c'eſt que le Chriſtianiſme a porté ſi haut & ſi loin la perfection, que la miſére, l'affliction, la croix, les pertes, la mort, ſont devenuës les moyens du bonheur céleſte, en ſervant de dégagement de la terre, & de frein à dompter la chair. Car puis que le Siécle à venir eſt le but du fidéle, & puis que ce preſent monde eſt le lieu de ſon pelerinage, il eſt
viſible

vifible que ce qui le detache du monde, & ce qui l'eleve au Ciel, eft le moyen de fon vrai bonheur. Or plus fes miféres font grandes durant cette vie (pourvû que la fouffrance foit accompagnée du fecours de la grace, & foûtenuë par l'efpérance de l'avenir) plus, dis-je, les miféres font grandes, plus il méprife la terre où il fe voit mal-traité, plus il defire le Ciel, où il contemple fon repos. Ainfi la mort même, qui femble le plus grand des maux, devient fon plus grand bien, par la delivrance entiére qu'elle lui caufe, & par l'introduction qu'elle lui procure aux joyes céleftes.

Toutes ces veritez, qui font connuës de tous les Chrêtiens par l'Evangile, étant une fois admifes ; je dis qu'il eft clair, comme le jour, que les maximes de la grace, qui fondent ces veritez, fourniffent une preuve toute particuliére, du Pouvoir abfolu des Souverains, au fens que nous l'enfeignons. Car, puifque nous avons posé, que la vie presente n'est plus celle du Chrêtien, & puis que nous avons reconnu au contraire, que le Ciel est son but, & qu'il n'est heureux qu'en espérance ; Puis que nous avons dit encore, que la charité est sa vertu propre, & que la patience fait une partie de son devoir ; Puis qu'enfin, nous avons déclaré, que la croix est sa livrée, & que la misére presente est le moyen de son bonheur à venir ; Puis que, dis-je, toutes ces maximes sont indubitables, selon la foi Chrêtienne, qui ne voit que tout ce qui se réduit à la matiére du Pouvoir des Princes du monde, & qui ne regarde que la vie presente, ne peut intéresser les enfans de Dieu que trés-foiblement ; & qu'ainsi, de quelque maniére que les Princes en usent envers eux, pour le regard de ces choses, cela ne peut assez les toucher, pour leur inspirer des mouvemens de vengeance ; ou de rebellion ; ou pour les porter à refuser à ces Princes l'obéïssance qui leur est dûë ?   Mais

Mais que dis-je, que cela *ne les peut intéresser que trés-foiblement ?* Je dois dire bien plus, si je veux remplir toute la force de cette preuve, qui se tire de l'Evangile, en faveur du Pouvoir absolu, & de l'impunité des Princes; car il suit visiblement des maximes posées, que les vrais Chrêtiens, bien loin d'avoir du ressentiment, & de la colére, à l'occasion des maux que les Princes peuvent leur faire souffrir ; ils en conçoivent de la joye, en vûë de l'utilité spirituelle qu'ils en retirent; ils y considérent le soin paternel de Dieu envers eux ; ils y contemplent la livrée de Jesus Christ; ils en ressentent des fruits, & des marques de leur élection éternelle : En un mot, ils disent avec Saint Paul, *qu'ils se glorifient dans les tribulations ; & que toutes choses leur aident en bien ;* avec Saint Jacques, *qu'ils tiennent pour une parfaite joye, de ce qu'ils sont tombez en diverses tentations :* & avec David, *qu'il est bon qu'ils ayent été affligez.*

 Ro-

Romains 5. & 8. Jacques 1. Pseaume
119. &c.

Et comme cette réflexion, en faisant l'Apologie des Eglises pour qui
j'écris dans ce Traité, fait aussi l'endroit de tout mon Ouvrage qui doit le
plus contribuër à leur consolation ; il
faut s'y arrêter un peu plus que sur les
autres, & en faire considérer la force,
& l'importance, avec un peu plus d'attention, en expliquant *l'usage des afflictions* , selon ce qu'en enseigne l'E-
vangile.

Je dis donc ici premiérement en général, qu'il n'y a pas la moindre apparence de raison à s'imaginer que
les Chrêtiens puissent disconvenir du
Pouvoir absolu des Princes quant aux
choses de cette vie, s'il est vrai que ces
mêmes Chrêtiens soient obligez par
leur Religion de mépriser tellement
ces choses-là, qu'ils en considérent la
perte comme un bien, & qu'ils envi-
sagent leur libre possession comme
une tentation dangereuse, & capable

de

de les perdre. Or l'usage Evangelique des afflictions, nous apprend manifestement ces veritez, & les rend indubitables : Quand les fidéles *sont foibles, alors ils sont forts ; ils se plaisent, en nécessitez, en angoisses, en persécutions, en tribulations pour Christ ; il leur a été donné pour Christ, non seulement de croire en lui, mais aussi de souffrir pour lui. Ils se croiroient Bâtards & non pas légitimes enfans de Dieu, s'ils étoient sans Discipline.* Le Nouveau Testament est rempli de maximes de cette sorte. II. Corinthiens 12. Philippiens 1. Hebr. 12. &c.

Mais si du général nous descendons au particulier, la chose sera bien encore plus évidente. Nous disons donc, que l'on ne peut considérer, dans la perte des choses de cette vie, qui fait les afflictions, & par où le Pouvoir absolu des Princes éclate le plus, l'on n'y peut, dis-je, considerer que *deux sortes de maux*, dont le grief peut faire douter du Pouvoir de ces Princes qui les font souffrir. Le premier de ces maux est celui *de peine*, c'est à dire, la miſére même, en quoi conſiste l'affli-ction. Le ſecond, eſt celui de *coulpe*, c'eſt à dire, le péché que l'on peut concevoir, à faire ſouffrir cette peine ſans juſte ſujet.

Si nous nous attachons à la conſidération *du péché*, il eſt évident que ce ne peut être un ſujet de rebellion pour celui qui en reſſent l'injuſtice ; puis que, l'autorité de punir, n'eſt pas en ſa main ; puis que, le rang que tient celui qui péche l'éleve au deſſus des pourſuites de la Juſtice ordinaire ; puis que Dieu a dit, *à moi appartient la vengeance* ; puis que la Charité Chrétienne ordonne d'être ſans reſſentiment, & de pardonner ; & puis qu'enfin, ſi les péchez des Princes fondoient la rebellion de leurs Sujets, il n'y auroit jamais de Princes au monde ; le genre humain ſeroit dans une effroyable anarchie ; & la confuſion renver-
ſeroit

feroit tout ; n'y ayant point de Prince qui foit exempt de la condition commune de tous les hommes, à l'egard de la corruption morale.

Pour ce qui eſt du mal de peine, ou *de la miſére*, on la doit conſidérer ou *en elle-même*, ou dans *ſes ſuites*. A la conſidérer en elle-même, elle nuit à l'intereſt temporel de celui qui la ſouffre ; mais, ni le *mal* qu'elle fait, n'eſt point de telle importance que le fidéle en doive ſortir des bornes du reſpect, & du devoir, envers ſon Prince, comme nous l'avons déja montré : ni **la** *perſonne* qui le ſouffre (puis qu'elle eſt dans la condition de ſujette) ne peut point être aſſez eſtimée, pour donner juſte occaſion au renverſement de l'ordre public, que la rebellion, & la vengeance contre le Prince cauſeroit : Ainſi le Pouvoir abſolu demeure encore ſans atteinte, à cet égard.

Quant aux *ſuites* de la miſere, elles intéreſſent les enfans de Dieu qui les

éprou-

éprouvent, par les divers *usages* qu'ils font des afflictions, & de la croix. Et c'est ici que bien loin de pouvoir violer l'Autorité des Princes qui les affligent, ils se réjouïssent des afflictions, & benissent la main qui les frappe : Voici comment.

Les Chrêtiens qui souffrent, se considerent, ou comme *pécheurs*, tels que le sont tous les hommes durant cette vie ; ou comme *innocens*, tels que le sont les enfans de Dieu, ou envers Dieu même par sa grace, ou envers les autres hommes, dans la vûë particuliére de la croix, laquelle on leur fait souffrir sans juste sujet.

Lors que les Chrêtiens affligez se *considérent comme pécheurs*, & rapportent leurs afflictions à cette considération, ils en tirent deux excellens fruits ; l'un est la *correction du passé*, l'autre est la *précaution pour l'avenir*. Et ces deux fruits se produisent, non seulement en *ceux-là mêmes qui sont affligez* ; mais aussi en ceux *qui sont té-*

moins

moins de leur souffrance, & à qui ils servent d'exemple à cet égard.

La *correction du passé* suit l'affli-ction, & par maniere de *nécessité naturelle*, & par voye de *connoissance morale*. Car 1. la source du péché étant dans l'appetit sensuel, auquel la raison obéit lâchement, lors qu'elle péche ; & cet appetit étant plus ou moins fort, selon que le corps, est plus ou moins vigoureux, ou que la prosperité est plus ou moins grande : lors que la maladie, la prison, les per-tes, & les autres calamitez semblables, abattent l'homme, & affoiblis-sent sa chair, ou diminuent sa gloire mondaine ; cela ôte aussi une partie de la force de son appetit sensuel, & fait que la grace trouve moins de résistan-ce, pour conduire & ménager l'hom-me entier. Mais 2. outre cet effet, comme naturel & nécessaire, de l'af-fliction, elle en produit un autre qui présuppose une réflexion morale ; c'est que le fidéle affligé, sçait que la misé-

re est la messagere de la juste colere de
Dieu contre le crime ; de sorte que
s'en voyant atteint, il se réveille de sa
sécurité, il contemple en esprit, Dieu
irrité contre lui, il s'étudie à l'appaiser
par une sérieuse repentance, & ainsi,
il corrige le passé par un saint amende-
ment, & par une volonté mieux réglée.

La *précaution pour l'avenir* se produit par les mêmes voyes, & elle ne
diffère de la *correction du passé* à cet
égard, que par la difference de ses
vûës. En effet, les mêmes raisons qui
portent un homme de bien à dépoüil-
let ses vices, pour vivre mieux, par le
déplaisir qu'il a, d'avoir offensé Dieu,
& de s'être attiré son indignation : ces
mêmes raisons, dis-je, agissent encore sur sa conduite suivante, & en lui
faisant craindre la même indignation à
l'avenir, s'il continuë de pécher, pré-
viennent les crimes qu'il auroit pû
commettre, comme elles lui ont fait
faire penitence de ceux qu'il avoit déja
commis.   Quant

Quant à ce que nous avons dit, que
ce double fruit regardoit ceux qui *font*
spectateurs de l'affliction ; aussi bien
que ceux qui la souffrent, nous avons
expliqué cela en un mot, en disant que
ceux qui souffrent *servent d'exemple*
aux autres : car c'est en effet la force
de l'*exemple* qui fait ici toute l'efficace. Et certes, puis que Dieu est toûjours le même, & haït le péché en
quelque lieu qu'il soit ; pourquoi l'affliction de nos Prochains, attribuée à
leurs péchez par leur propre confes-
fion, ne nous feroit-elle pas refléchir
sur nos péchez propres, pour nous faire craindre un châtiment pareil au leur;
& pour nous obliger par là, & à nous
repentir du passé, & à mieux vivre à
l'avenir , afin d'éviter ce sujet de
crainte ?

Toutes ces choses font voir à l'œil,
que l'affliction est trés-utile au Chré-
tien, tandis qu'il la rapporte à ses péchez, & qu'ainsi il n'a garde de violer
le respect envers les Puissances qui
 l'affli-

l'affligent, puis qu'il les regarde comme des verges que Dieu remuë, & comme des instrumens qu'il employe. Ce seroit s'en prendre à Dieu même, que de nuire à de tels instrumens ; & s'attirer avec justice de plus grands maux, par le refus de la Discipline. Aussi voyons-nous que l'Ecriture Sainte confirme trés-expressément tout ce que nous venons d'enseigner ; & en attribuant aux afflictions la force de sanctifier, elle recommande la patience à ceux qui y sont assujettis, en vûë du fruit qu'ils en doivent retirer, & de la volonté de celui qui les dispense. C'est en ce sens que Saint Paul en parle, I. Corinth. 11. 32. & II. Corinth. 1. 5. 6. & Philip. 1. 19. & Coloss. 1. 24. C'est ainsi encore qu'en parle Saint Pierre I. Epit. 4. 17. C'est ainsi qu'en avoit parlé David avant eux, Pseau. 119. vers. 67. & 71. Et cette doctrine est commune parmi ceux qui font une sincére profession du Christianisme.

Lors

Lors que les Chrêtiens fe *confidé-*
rent comme innocens, c'eft à dire, que
leur confcience foulagée par la grace,
ou réjouïe par la vûë de la bonne caufe
qui leur attire une injufte affliction,
leur fait fentir, comme autrefois à
Job, que ce n'eft point précifément
pour leurs péchez que Dieu les
frappe, mais que fa fage Providence
rapporte leurs maux à un autre but;
Alors, les calamitez qu'ils reffentent,
ont encore deux excellens ufages ; car
1. elles tendent à *les éprouver*, afin de
les affurer de la fincerité de leur profeffion. 2. Elles ont pour but, la gloire
de *la Confeffion, ou du Martyre*, afin
qu'ils foient rendus femblables en tout
à Jefus Chrift, & qu'ils ayent l'honneur de rendre témoignage à fa verité.

Le premier de ces ufages, qui eft
l'épreuve, eft exprimé par Saint Ja-
ques, Ch. 1. verf. 2. 3. 4. & 12. par
Saint Pierre, 1. Epit. Ch. 2. verf. 19.
20. par Saint Paul, Rom. 5. verf. 3. 4.
&c. Et la maniére dont cette épreuve
réfulte

réfulte de l'affliction, eft aifée à comprendre. Car l'affurance que nous
avons d'être enfans de Dieu, procé-
dant, felon la voye ordinaire de la grace, du fentiment intérieur que nous
avons de fon amour paternelle, & de
la vûë des caractéres de fon élection ;
Nous ne pouvons engendrer en nous
cette affurance, d'une maniére plus certaine, ni plus infaillible, que par l'expérience de l'amour fincere que nous
portons nous-mêmes à ce bon Pere,
& de l'attachement veritable qui nous
dévoüe tout entiers à fon pur fervice :
Car nous l'aimons, comme dit Saint
Jean, *parce qu'il nous a aimez*. Or
comment pouvons-nous éprouver en
nous l'amour de Dieu, que par fes effets ? Et quels effets en coulent plus
néceffairement que le zéle & le courage de tout fouffrir gayement pour fon
nom ? qui nous font dire hardiment
aprés Saint Paul, *J'ay combattu le bon
combat, j'ay gardé la Foy, j'ay parachevé ma courfe, quant au refte la Cou-
ronne*

ronne *de Juſtice m'eſt réſervée.* Il eſt
donc viſible, que la ſouffrance pour
Juſtice, rend le fidéle éprouvé, & approuvé, & le remplit *d'une joye iné-*
narrable & glorieuſe.

Mais lors que l'affliction va encore
plus avant, & trouvant le fidéle déja
éprouvé, & trés-aſſûré de ſa vocation,
elle ſe réduit à le rendre compagnon
des ſouffrances de Jeſus Chriſt, par la
confeſſion, ou par le martyre ; quel
triomphe n'eſt-ce point pour lui ? de
quelle gloire n'eſt-il point rempli ?
quelle inſulte ne fait-il point à la mort,
& au ſepulcre ? quels baiſers ne don-
ne-t-il point à l'arreſt qui le condamne, & aux mains qui l'executent, de
la part des Puiſſances du monde ; bien
loin de penſer, à leur conteſter le droit
de leur Pouvoir, & à ſe rebeller contre
elles ? O c'eſt ici qu'il s'écrie aprés S.
Paul, *O mort où eſt ta victoire ? O ſe-*
pulcre où eſt ton aiguillon ? Ou aprés
David, *O que tes biens ſont grands, leſ-*
quels tu as préparez à ceux qui chemi-
nent devant toi ! Voilà

Voilà les principaux avantages, que le vray Chrêtien remporte de sa patiente & humble souffrance; Chacun de ces biens est si grand & si doux à celuy qui les ressent que bien loin d'entrer en colere contre ceux qui dispensent l'affliction, d'où ces biens resultent; Il prie pour eux de tout son cœur il les embrasse par une charitable compassion, & il desire ardemment leur salut, & leur gloire.

Tout ce que l'on peut opposer à cela, qui ait un peu de vray semblance selon nos principes, c'est que nous ne tirons tous les fruits alleguez, que *du bon usage* des afflictions temporelles; & que nous avons nous-mêmes posé ci-devant, que nous devions desobéïr aux Princes, lors qu'ils attaquoient la conscience & la Religion. Car ces deux maximes étant reçûës, il semble que nous pouvons nous rebeller contre les Puissances, pour le moins lors qu'elles veulent détruire nôtre Foy, & empêcher les exercices de la piété, & de

la

la Charité Chrêtienne ; Et qu'ainſi nous ne ſommes obligez de reconnoître leur Pouvoir, que tandis qu'il ne choque que nôtre intereſt mondain.

Mais nous répondons, qu'il y a une grande difference, entre, *n'obéir pas aux Princes, contre ſa conſcience ; & ſe rebeller contre eux ſous prétexte qu'ils veulent la violenter.* Le premier ſe peut, & ſe doit faire ; le ſecond, eſt un crime. La Raiſon de cela eſt, que Dieu a ſi admirablement bien partagé ſes droits, & ceux qu'il a voulu donner aux Princes du monde, qu'il eſt du tout impoſſible que le vray Chrêtien ſoit forcé par les Princes du monde à bleſſer la conſcience qu'il a envers Dieu ; Et il luy eſt toûjours poſſible au contraire, de rendre à Ceſar ce qui eſt à Ceſar, en rendant à Dieu, ce qui eſt à Dieu, pourvû qu'il ſe tienne dans les vrais termes du pur Chriſtianiſme. Tellement qu'il n'y a point de zéle pour Dieu, qui le puiſſe jamais forcer à ſe rebeller contre le Prince, ni à violer

ler son Autorité, autrement que par le simple refus de faire ce qui blesse l'essenciel de sa Religion; ce qui ne déroge nullement au Pouvoir dont nous disputons.

Pour faire comprendre cela, il faut considérer le génie de la Religion Chrêtienne un peu de plus prés, & découvrir à cet égard le grand privilége de l'Evangile. Nous disons donc, pour cet effet, que la Religion Chrêtienne, comme toutes les autres choses que l'esprit humain embrasse, a *son but*, & *ses moyens*. Le but de la Religion Chrêtienne est *la gloire du Ciel*, comme il a déja eté dit. Les moyens pour parvenir à ce but, sont les vertus Evangeliques, que Saint Paul, 1. Corinth. 13. réduit à trois principales, sçavoir, *la Foy*, *l'Esperance*, & *la Charité*.

Or pour ce qui est de la *gloire du Ciel*, il n'est pas necessaire de dire que nul Prince Terrien ne peut la ravir à ses sujets, précisément en elle-même, car chacun voit, que c'est Dieu qui la

promet

promet & qui la donne; que c’eſt Jeſus Chriſt qui l’a acquiſe ; que c’eſt le Saint Eſprit qui en imprime les aſſurances. Et d’ailleurs elle eſt d’une nature qui l’éleve au deſſus de l’atteinte de tout ce qu’il y a de plus puiſſant ſelon la chair. A cet égard donc les Chrêtiens n’ont rien à craindre de la part de leurs Princes, & ainſi il eſt viſible, qu’il n’eſt point neceſſairequ’ils ſe rebellent contre eux, pour garder leur conſcience pure & entiére en cette rencontre.

Quant *aux moyens* qui ménent à cette gloire , & que nous réduiſons aprés S. Paul, à la Foy, à l’Eſpérance, & à la Charité : nous diſons qu’on les doit conſidérer en deux maniéres, ſçavoir, ou dans leur *Eſſence*, ou dans leurs *aĉtes extérieurs.* Si on les conſidére en eux-mêmes, ou *ſelon leur eſſenſe*, nul n’ignore que ce ſont des vertus de l’ame, dont la nature eſt toute ſpirituelle, & qu’il eſt impoſſible aux hommes, pour puiſſans qu’ils ſoient , de détruire, ni de toucher
même

même tant foit peu. Les fujets n'ont donc rien encore à craindre à cet égard de la part de leurs Princes. Et ils peuvent leur rendre une obéïffance abfoluë, fans bleffer leur confcience, puis que les mouvemens immédiats de l'ame ne tombent point fous la Jurifdiction des Princes mondains, & ne peuvent les choquer.

Reftent *les actes exterieurs* de ces vertus, & l'exercice de leurs effets fenfibles, foit envers Dieu, foit envers les hommes. Or ici, il faut diftinguer, *la fimple omiffion de ces actes exterieurs,* d'avec *les actions pofitivement contraires.*

S'il s'agit d'une *fimple omiffion*, il faut confidérer les circonftances des temps, des lieux, des perfonnes, & les autres femblables, pour connoître fi Dieu nous appelle neceffairement à la profeffion, & aux exercices publics de la vraye Religion, ou s'il fuffit que nous en faffions les actes en particulier, & en fecret, à caufe du danger éminent,

nent, & de l'inutilité apparente de cette profession publique. Car on ne peut nier qu'il n'y ait des temps, où il est permis, & même ordonné au Fidéle, de se tenir caché, & de ne se pas exposer en vûë. Le Prophete Elie en usa ainsi du temps d'Achab; les sept mille hommes que Dieu se réserva au même temps, en firent de même. Jesus Christ *commande de fuïr, lors qu'on est persecuté; Il défend de donner les choses saintes aux Chiens, & de jetter les perles devant les Pourceaux.* Et il est très-certain que l'Eglise a eû diverses éclipses depuis la fondation du Christianisme, comme sous Dioclétian, sous les Empereurs Arriens, & en d'autres conjonctures semblables.

Lors qu'il arrive donc, que la profession extérieure de la vérité, & les actes sensibles des vertus Chrêtiennes, exposent à une mort certaine sans qu'il paroisse dans l'état visible des hommes que cette mort puisse servir à l'édification de qui que ce soit, ni avancer le

régne

régne de cette vérité, & de ces vertus ;
ou ſans que Dieu nous donne un commandement exprés de nous expoſer,
ſoit immédiatement par quelque oracle, ſoit médiatement par le concours
des événemens du monde qui nous en
impoſe la neceſſité ; Alors, il eſt de la
prudence, & du devoir Chrêtien, de ſe
tenir ſerré, & de ne pas tenter Dieu, par
un zéle précipité & téméraire. Ainſi en
ce cas là, *la ſimple omiſſion* des actes extérieurs de Religion ne nuit point au
ſalut, & l'obéïſſance aux Princes du
monde compatit avec la bonne conſcience.

Que ſi au contraire, où le commandement immédiat de Dieu, ou ſon ordre médiat par la neceſſité des conjonctures, nous appelle à la confeſſion, &
à la profeſſion publique ; comme, par
exemple, lors que les Apôtres reçû-
rent ordre d'aller au Temple de Jeruſalem, & d'y prêcher Act. 5. 20. ou,
lors que les mêmes, tirez au Tribunal
des Juifs, furent obligez de déclarer
que

que c'étoit au nom de Jesus, qu'ils avoient guéri le boiteux qui demandoit l'aumône à la porte du même Temple, Act. 4. 10. Alors, il n'y a point à hesiter, il faut *obéir à Dieu plûtôt qu'aux hommes,* & *quiconque aime sa vie plus que Jesus Christ, n'est pas digne de luy,* la simple omission seroit un crime en ces cas là, par la nécessité d'agir qui est imposée; Et c'est à cette sorte d'omission que Jesus Christ applique sa maxime, *qui me reniera devant les hommes, je le renieray devant mon Pere qui est aux Cieux.*

Mais ce cas ici, qui oblige à des actions contraires à la volonté des Princes du monde, ne déroge nullement au Pouvoir que nous leur attribuons, & n'engage nullement à se rebeller contre eux. Car le refus même de leur obéir à cet égard, & l'acte de desobéïssance, doivent être dispensez *avec respect,* autant que la cause de la Religion le peut permettre; Et celuy qui desobéït, doit montrer par toute sa

con-

conduite, que *ce n'est pas le mépris de la Puissance Terrienne* qui le fait agir, mais la crainte & l'amour de la Puissance du Ciel. Mais il est certain aussi que puisque c'est la Puissance du Ciel, qui a établi celles de la Terre ; & que l'on doit, sans contredit, plus à Dieu, qu'à tous les hommes ; C'est veritablement obéïr, que de desobéïr en ce cas là ; & quelque disgrace que l'on éprouve de la part des Princes mondains, pour une telle desobéïssance, cette disgrace est glorieuse à celuy qui l'éprouve, & produit magnifiquement son salut devant Dieu. Voilà pourquoy aussi il ne doit point craindre tout ce que l'homme luy peut faire ; Et les plus cruels supplices, bien loin de luy nuire, ne font qu'avancer & qu'accroître son bonheur.

Je viens maintenant *aux actions positivement contraires* à la conscience, & à la profession de la Verité. Et ici il faut distinguer encore deux differentes maniéres dont les Princes peuvent déployer

Fidéles à ces actions. Car, ou ils employent la force toute pure, en faisant traîner aux lieux de leurs dévotions & de leur culte religieux, ceux qui les croient illicites ; & en faisant fléchir par une pure violence, & force majeure, les membres des corps de leurs sujets, aux actes de cette Religion, que ces sujets là condamnent. Ou bien, ils se contentent de les affliger, en leurs biens, & en leurs personnes, pour les forcer à changer de volonté, & à embrasser la Religion qu'ils croient mauvaise, étant vaincus par les tentations.

Au premier de ces deux, il n'y a rien qui intéresse tant soit peu la conscience du vray Chrêtien. Car, cette action extérieure, contraire à la pureté de sa Religion, que l'on fait en luy, & par luy, ne peut en aucune maniére être dite sienne, puisqu'elle est absolument violente : Et que sa volonté, bien loin d'y avoir part, se déclare par tous les mouvemens opposez à cette action, dont sa force moindre le rend capable.

F   Le

Le Pouvoir absolu du Prince ne nuit donc point ici au salut, & ne ruïne point la piété.

Dans le second, la chose se réduit, à ce qui a déja été dit sur les actes *de simple omission.* C'est à dire, que le vray Chrêtien doit tout souffrir, & tout perdre, plûtôt que de rien faire qui blesse la conscience ; parce que desobéïr aux Princes du monde, dans une telle rencontre ; c'est obéïr au Prince du Ciel ; & le faisant, au reste, avec toute la retenuë qui y peut être gardée ; on accorde encore en cela Cesar avec Dieu, comme j'ai dit ci-dessus. Quant aux miséres qui suivent ce refus d'obéïr, elles ont leurs joyes, & leurs récompenses, de la part de celui, que l'on marque craindre plus que les Grands du monde. Ainsi la conscience n'a encore rien ici qui la blesse, pourvû qu'elle ne succombe pas à la tentation.

Que si l'on prétendoit qu'il fût permis de se rebeller contre le Prince,

qui

qui dépoüille des biens, qui prive des
honneurs & des Charges, qui fait ban-
nir, qui fait mourir même, pour obliger au changement de Religion ; sous
prétexte que ces moyens en font suc-
comber en effet plusieurs, & par là
bleſſent & ruïnent la conſcience qui
eſt dûë à Dieu. Je dis que cette prétention ſeroit frivole, téméraire, &
criminelle. Parce que la Religion re-
gardant la vie à venir, & détachant de
la vie preſente, ceux de qui la conſcience eſt aſſez foible, pour céder à
de telles tentations, marquent par là,
qu'ils ne l'avoient pas ſincére, & que
leur Religion n'étoit pas pure. En effet, comme nous l'avons dit ci-deſſus,
la vraye Religion étant dans le cœur,
il eſt impoſſible aux Princes du monde
de la toucher, ni de la changer, ſi la
volonté de ceux qui la profeſſent n'y
conſent ; auquel cas ils ſe déclarent
coupables.

Il eſt vrai qu'il y a des infirmes, qui
ayant au fonds la conſcience bonne,

 n'ont

n'ont pas encore toute la constance,
ni tout le degré de perfection, qui font
nécessaires pour vaincre toutes sortes
de tentations ; & ceux-là succombent
quelquefois, comme s'ils étoient faux
Chrêtiens, ou faux religieux, témoin
S. Pierre lors qu'il renia Jesus Christ.
Mais la miséricorde de Dieu se montre envers eux, par la grace qui les re-
nouvelle à repentance ; & ils ont même un remède préservatif dans la fuite, lors qu'après s'être examinez eux-
mêmes, ils ont reconnu, qu'ils ne
sçauroient s'exposer à la croix, ni en
attendre l'épreuve, sans tenter Dieu
par témérité. Que si l'amour de leurs
biens, de leurs proches, & des autres
choses de cette vie, les oblige à négliger ce remède de la fuite, & par là les
précipite dans la révolte ; il est clair,
en ce cas là, que leur foiblesse est conjointe avec l'amour du monde, & avec
le mépris de Dieu ; c'est pourquoi leur
relevement est plus difficile, & plus ra-
re ; & leur perte leur doit être imputée
à eux-mêmes. Mais

Mais quelque chose qui arrive, quelques efforts que fassent les Princes du monde, pour tenter en affligeant, quelque mal que leur haine, animée par le zéle de leur propre Religion, puisse faire sentir à leurs sujets de Religion contraire ; Il est toûjours clair, que toute leur Puissance ne peut atteindre à la conscience, que Dieu demande ; que les vertus Chrêtiennes sont à couvert, & exemptes de leurs coups ; qu'il ne faut qu'être vrayement & sincérement religieux pour se garantir de toutes leurs attaques ; & qu'ainsi il n'y a jamais de nécessité à se rebeller contre eux, même pour l'intérest de Dieu, & de la Religion ; la conscience étant entiérement nette, & devenant même meilleure, & plus pure ; par les efforts que font les Princes pour la corrompre.

Nous conclurrons donc ce Chapitre, comme le précédent, en disant, que puis que la Religion Chrêtienne est toute Divine & Spirituelle ; puis

 que

que le but du fidéle est le Ciel, & la vie à venir; puis que l'espérance évangelique s'accroit par la souffrance; puis que l'affliction donne de la matiére, & de l'exercice à la patience Chrêtienne; puis que les vertus en général sont au dessus de l'atteinte des Puissances du monde; puis que l'on peut, & l'on doit même quelquefois, éviter la croix, & se tenir serré, pour éviter la tentation; puis qu'enfin le refus d'obéïr aux Princes du monde dans les actions positivement contraires à la conscience, est un saint refus, & une obéïssance renduë à Dieu, que ces Princes ne peuvent au fonds punir; mais qu'ils font couronner, au contraire, & comblent de bonheur, par les afflictions mêmes qu'ils font éprouver; Puisque, dis-je, toutes ces choses font ainsi, nous conclurrons ce Chapitre en disant, que les maximes particuliéres de l'Evangile établissent d'une façon aussi particuliére, le Pouvoir absolu des Souverains; & qu'il

est

est impossible de se rebeller contre eux légitimement, puis que leur emportement de zéle, contre les Religions contraires à la leur, n'y peut pas même servir de prétexte.

CHAPITRE V.

Troisiéme preuve, tirée du fondement du Droit.

ENCORE que l'autorité du témoignage de Dieu soit au dessus de toute sorte d'exception, & que les argumens tirez de l'Ecriture Sainte doivent assujettir tous les esprits, & soûmettre tous les cœurs ; cependant l'orgueil humain ne manque pas de résister souvent à la déclaration Divine, & l'obéïssance de la foi est ordinairement moins pratiquée, que les démonstrations de la raison ne sont suivies.

Pour ne laisser donc rien en arriére,

de ce que nous pouvons produire pour perfuader la Doctrine que nous nous fommes propofez d'établir dans ce Traité ; Aprés avoir allégué le témoignage de Dieu, & dans les maximes générales de l'Ecriture qui fe rapportent à nôtre Thefe, & dans les maximes particuliéres de l'Evangile ; il faut maintenant confulter la raifon, & fe fervir des lumiéres de la nature intelligente. Ce fera prendre l'homme par lui - même, qu'argumenter de cette maniére ; & s'infinuer doucement dans fon efprit, en le faifant comme maître de fes fentimens.

Or comme il s'agit de prouver un Pouvoir, ou une Autorité, dont l'effence confifte dans *un certain droit de commander*, & d'affujettir, il femble que nous ne pouvons mieux faire en cette rencontre, que de monter à la fource, & de découvrir l'origine, & le *fondement du droit*, en général. Car fi une fois nous comprenons bien d'où naît ce qui s'appelle *droit*, qu'elle

le en eſt la cauſe, & pourquoi on eſt obligé à ſon obſervation ; faiſant enſuite l'application des régles générales à nôtre ſujet particulier, la nature du Pouvoir abſolu, auquel nous élevons *le droit de la Souveraineté*, ſera miſe par là, ſans doute, dans une pleine évidence.

Pour entrer donc dans cette importante diſcuſſion, qui d'ailleurs peut avoir une infinité d'excellens uſages, pour la Théologie, pour la Juriſprudence, pour la Politique, & pour la Morale ; Nous poſons d'abord pour principe, qu'il y a dans le monde deux ſortes de natures, les unes qui ont un *être purement Phyſique*, & de qui les actions s'executent par une néceſſité indiſpenſable ; les autres qui ont un *être moral*, & dont les mouvemens ſont diverſement balancez & diſpenſez par la liberté de l'intelligence, ou de la raiſon.

De cette diſtinction générale des natures, ou des êtres, réſulte la diffe-

rence

rence que l'on assigne entre les choses, qu'on appelle choses *de fait*, &
choses *de droit*. Car nous appellons
choses de fait, toutes les choses, entant qu'elles existent nécessairement,
& ont un être singulier, qui les distin-
gue de toutes les autres. Et nous appellons choses de droit, les maniéres
& les rapports, que ces choses de fait
ont entre elles, selon le discernement
qu'en fait la raison : ou bien, les maximes mêmes générales que la raison
tire des choses de fait, par leur exacte comparaison des unes avec les autres , pour régler ce qui convient à
chacune en particulier, & à toutes en
général.

Le fait est donc proprement, l'ê-
tre même, ou la verité de l'existence
des choses, en singulier. Le Droit est
le rapport, ou la proportion, ou de
plusieurs choses, ou de plusieurs maniéres d'une seule chose, dont la raison forme des régles générales , par
l'observation de la convenance , ou

de

de la dissemblance des faits. D'où il résulte clairement, que le droit a son fondement, ou son occasion pour le moins, dans le fait même, & doit être réglé par la nature intelligente, sur la vûë de la nature, & de la maniére du fait. Et par là, on peut définir le droit en général, & selon la plus universelle signification de ce mot, *ce qui convient aux choses*, ou *ce qui est proportionné aux choses*, ou enfin *l'égalité des choses*, car tous ces termes ont le même sens, en cette rencontre.

Ce principe général posé, nous remarquons, qu'il y a deux sortes de Natures intelligentes capables du discernement des proportions ; & par conséquent capables de fonder le droit. L'une est infinie & incréée, sçavoir *Dieu* : les autres sont créées & finies, sçavoir les *hommes*, car nous n'avons que faire de parler des Anges en cet endroit, cela étant hors de nôtre dessein.

F 6 Le

Le difcernement de Dieu fur les proportions des chofes, en eft la véritable caufe. Car Dieu ne connoît pas les chofes parce qu'elles font, mais elles font, parce qu'il les connoît : Et c'eft fon infinie intelligence qui les a ordonnées, & qui y a mis cette admirable beauté, qui y paroît. De forte que à cet égard, le droit des chofes confifte, dans le *rapport qu'elles ont à l'idée Divine, & dans leur conformité avec la fageffe éternelle qui les a conçües, & formées.* Et ce droit là peut être appellé, *Divin, Primitif, Eternel, Fondamental,* parce qu'il eft la bafe, & la caufe de tous les autres, que la créature intelligente, ou difcerne, ou établit ; & que le droit de la créature n'en eft que la pure imitation.

Le difcernement des hommes fur les proportions des chofes, fuppofe les chofes qui exiftent par la puiffance de Dieu ; & s'en fert comme de modéle pour la production de ce droit qui dépend des hommes mêmes, comme

le

le droit primitif dépend de Dieu. Car
nul n'ignore que comme l'idée divine
est la cause de tout ce qui existe ; aussi
les Ouvrages de la création, & en suite ceux de la Rédemption, qui sont
émanez de cette idée, sont les causes
exemplaires des idées des hommes.
De sorte que l'homme à qui Dieu a
donné l'intelligence pour pouvoir discerner la beauté, & la proportion de
ces ouvrages, a reçû aussi la vertu de
former des idées, & de produire en
suite des actions, qui imitent cette proportion, & cette beauté. D'où résulte un droit que nous pouvons appeller,
dérivé, *humain*, *créé*, ou du *second
ordre*, & qui n'est autre chose, que *la
justesse*, *& la proportion des mouvemens de l'homme, avec les choses sur
lesquelles il agit : réglée par les idées
humaines, sur les traits de la proportion naturelle des ouvrages de Dieu.*

Cela est si vray, & si évident que
toute la difference du droit de la nature, & de celuy de la Grace, dont nous
avons

avons parlé dans le chapitre précédent,
naît uniquement de cette source, &
appuye cette définition. Car ce qui
fait que la *Charité* surpasse la *Justice*,
& la sainteté Evangelique, l'innocence
originelle, c'est que l'état de la nature
créée, étoit réglé selon le droit exact,
par l'intégrité où les choses furent premiérement établies : Mais l'état de la
nature rachetée, est réglé par l'équité
& par la Grace, selon le modéle de la
miséricorde de Dieu en Jesus Christ.

En effet, l'homme n'étant que l'I-
mitateur de Dieu, en tout ce qu'il fait
de bien ; & étant incapable de former
de luy-même des idées, si Dieu ne les
luy imprime, ou immédiatement, ou
par le moyen des objets qu'il a formez.
Tandis que Dieu ne produit aux yeux,
& à l'esprit de l'homme que des ouvrages dont la proportion est de Justice,
& d'égalité exacte, comme dans la
création ; alors le droit humain se réduit à la Justice. Mais quand Dieu produit des ouvrages, dont la proportion,

est

eſt une proportion de charité, & de Miſericorde, comme dans la Rédemption ; alors il eſt du devoir de l'homme d'être charitable, & la rigoureuſe Juſtice devient un crime.

Nous avons donc découvert juſques ici, & la vraye ſource du droit, en général ; & le fondement particulier du droit que nous appellons humain, parce qu'il ſe rapporte à l'homme. Il faut maintenant aller plus avant, & conſidérer que les actions de l'homme par leſquelles il imite Dieu ſont de deux ſortes, les unes ſe bornent à *l'imitation intérieure de l'ame*, les autres paſſent juſques aux *mouvemens extérieurs du corps*. Les actions qui imitent Dieu intérieurement, & dans l'ame ſeule, ſont encore doubles : car les unes ſont de *l'entendement*, les autres s'accompliſſent *dans la volonté*. Tellement qu'en tout, nous devons diſtinguer trois ſortes d'actions humaines, où il y peut avoir du droit & de la proportion, les premiéres ſont les actions *in-*

telle&uelles , les secondes font les actions *de la volonté* , les troisiémes font les actions extérieures, & *corpo-*
relles.

Les actions intellectuelles confistent dans la *connoiffance* , & forment ce que nous appellons *les idées* ; leur proportion eft dans leur conformité avec les objets connus ; & cette conformité s'appelle ordinairement *la verité.*

Les actions de la volonté confistent dans *l'action* proprement ainfi appellée , & forment ce que nous appellons les *commandemens,* ou les *defirs* ; leur proportion eft dans l'égalité du mouvement, & du mérite de l'objet voulu ; & cette égalité s'appelle *vertu.*

Enfin les actions corporelles confistent dans ce que l'on appelle proprement *œuvre* , & forment ce que nous nommons *les ouvrages,* ou *les produ-*
ctions de l'Art ; leur proportion eft dans le rapport de l'ouvrage, à l'idée de l'ouvrier, & ce rapport s'appelle, *perfection artificielle,* ou *achévement.*

De

De ces trois sortes d'actions, de proportions, & de choses, dérivent trois
sortes de droits humains. Sçavoir, 1.
le *droit intellectuel,* qui n'est autre chose, *que la ressemblance des notions, &*
des conceptions de la connoissance, avec
les choses conçûës. 2. *Le droit moral,*
qui est, *l'égalité, & la proportion des*
mouvemens de la volonté, avec les cho-
ses voulûës. 3. *Le droit artificiel,* qui
est, *la conformité des ouvrages de l'Art*
avec leurs originaux, selon l'idée de
l'ouvrier.

Or comme entre ces trois espéces
d'actions, celles de la volonté sont les
plus excellentes & les plus parfaites,
pour le moins dans l'état de la vie presente ; aussi est-ce à elles, qu'on donne
par privilége le nom d'*actions,* comme
j'ay déja dit en passant ; Voilà pourquoy c'est à leur égard encore que l'on
employe particuliérement le mot de
droit. Car quand on demande sans
restriction en quoy consiste le droit,
c'est comme si l'on demandoit, en
quoy

quoy consiste la Justice, & la perfection des actions morales; & quelle régle on donne à leur proportion, pour
la rendre bonne & sainte.

C'est aussi à ce *droit moral* que se
rapporte le Pouvoir des Princes duquel nous traitons; car ce Pouvoir n'est
autre chose que le droit d'agir de telle
ou telle manière envers les sujets; Et il
est, comme chacun sçait, l'objet & la
matiére de la Politique, qui est une
des parties de la morale. Il faut donc
s'arrêter à ce droit moral, & l'examiner un peu de plus prés, pour tâcher
d'en tirer l'éclaircissement, & l'établissement du Pouvoir des Princes, lequel en dérive comme de sa source.

Ayant dit que ce droit moral n'est
autre chose que *l'égalité & la proportion des mouvemens de la volonté, avec
les objets voulus.* Il est évident que
pour bien discerner ce droit, il ne faut
que bien connoître le mérite, & la va-
leur des objets; pour régler en suite les
actions selon ce mérite. Et à cela s'accorde

corde la définition ordinaire de la Juftice , rapportée au commencement
des Inftitutes, où il eft dit qu'elle eft,
*une conftante & perpétuelle volonté de
rendre à chacun ce qui luy appartient ;*
Et encore le troifiéme précepte général du droit, dont il eft fait mention au
même lieu, & qui eft dit confifter, *à
rendre à chacun ce qui luy eft dû.*

Il faut feulement confidérer , que
comme nous parlons maintenant du
droit trés-généralement , non feulement entant qu'il a les hommes pour
objets, mais auffi toutes fortes de natures exiftentes , defquelles il faut ufer,
& envers lefquelles il faut agir d'une
certaine maniére réglée, pour en ufer,
& agir bien ; pour cette raifon , dis-je,
au lieu de retenir dans cette définition,
& dans ce précepte, le mot de *chacun,*
nous y devons fubftituer le terme de
chaque chofe , ou les employer tous
deux enfemble.

Quoy qu'il en foit, il eft indubitable, que pour faire le droit, & pour
exercer

exercer la Juſtice, *il faut rendre à chacun, & à chaque choſe ce qui luy eſt dû*;
& proportionner ſes actions au mérite,
& au prix de chaque objet. Et c’eſt de
là que procéde *la médiocrité* de la vertu morale, *l’excés* de la Chrêtienne,
& *l’excés & le défaut* des extrêmitéz
du vice. Car la vertu morale ſe rédui-
fant aux objets créez, & ces objets
ayans tous des bornes, puiſqu’ils ſont
tous réduits à de certaines eſpéces li-
mitées, hors des termes deſquelles ils
ne peuvent ſubſiſter ; comme leur va-
leur eſt par là renduë médiocre, &
renfermée entre les bornes qui limi-
tent la maniére de leur exiſtence ; auſſi
faut-il, pour vouloir droitement à leur
égard, ne vouloir que médiocrement ;
& ainſi la médiocrité eſt comme la forme, & la régle de la vertu morale.
Mais la même raiſon prouve, que la
vertu Chrêtienne doit conſiſter dans
l’excés, ou plûtôt, tout l’excés dont
l’homme eſt capable n’eſt pas un excés
à ſon égard ; puiſque ſon objet, eſt un

objet

objet divin, qui eſt infini & ſans bornes, & que l'on ne ſçauroit jamais trop aimer, ni trop vouloir. L'excés & le defaut du vice, ſont auſſi prouvez par là, puiſque la diſproportion injuſte des actions ne peut arriver, ou qu'en voulant peu ce qui vaut beaucoup, ou qu'en voulant beaucoup ce qui vaut peu.

Pour découvrir donc le droit de chaque action, il ne faut que bien conſidérer le prix de chaque choſe, & le mérite de chaque perſonne ; Et cela ne feroit pas extrêmement difficile, ſi chaque choſe, & chaque perſonne, demeuroit toûjours dans un même état, & méritoit ou valoit toûjours, ſelon ſa nature propre & abſoluë. Car ce même Dieu qui a créé toutes choſes, & qui nous a donné le modéle de nôtre droit dans la proportion, & dans l'harmonie de ſes ouvrages ; ce même Dieu, dis-je, a aſſigné à chacun de ces ouvrages, tant aux perſonnes, qu'aux choſes, un certain lieu, & un certain rang dans la nature, qui nous en découvre

couvre le prix, & qui, par là, fixe la régle du droit que nous cherchons.

Selon cette assignation de rang & de lieu, que Dieu a faite, les plus viles de toutes les choses sont les Elemens; les météores, comme imparfaitement composez, viennent aprés, & les surpassent d'un degré ; les pierres suivent les météores ; les minéraux, les pierres ; les métaux, les minéraux ; Aprés, ont leur lieu, les plantes, & les animaux ; le maître de tout c'est l'homme ; lequel (dans le commerce ordinaire des actions) ne reconnoît que Dieu au dessus de lui. Par cet ordre naturel donc, le droit consiste, à preferer Dieu à tout le reste ; à donner à l'homme le second lieu d'estime & d'amour ; & à suivre de rang les autres créatures, selon leur nature, & leur état.

Mais cette régle, qui paroît facile, & trés-juste, est démentie en une infinité de rencontres, par la difference des *choses*, & des *personnes*, & par le
rapport

rapport des unes aux autres ; aussi bien
que par les *diverses circonstances*, qui
varient, comme à l'infini ; & le prix
des choses , & le mérite des personnes. Il faut donc considérer qu'une
chose, ou une personne, qui par son
prix naturel méritera un mouvement
de volonté d'une certaine maniére,
pourra en mériter un d'une maniére
toute autre, par quelque circonstance
qui surviendra à son état naturel, &
qui augmentera, ou diminuera sa va-
leur à nôtre égard. Eclaircissons cela
par un exemple sensible.

Les pierres, & les animaux , sont
tellement distinguez dans la nature,
qu'il n'y a pas lieu de douter, que les
animaux, ne valent plus que les pierres. Cependant , dans l'usage de la
vie civile, un diamant, ou une émeraude, valent plus que plusieurs animaux ; & on seroit ridicule si l'on prétendoit taxer cette pratique d'injustice,
n'y ayant personne qui fasse le moindre scrupule de s'y accommoder.

Quel-

Quelle eſt la cauſe de cela ? C'eſt que l'homme qui eſt plus excellent incomparablement , que ni les animaux, ni les pierres, entre dans la conſidération du prix du diamant, & de l'émeraude , par l'uſage que ces ſortes de pierreries ont à ſon égard ; & cette conſidération de l'homme, dans l'uſage qu'il fait de la pierre, étant balancée avec le prix naturel de la pierre, contre le prix naturel de l'animal, fait que la pierre l'emporte avec juſtice, tandis que l'état de l'homme peut permettre que l'animal luy ſoit moins utile, ou moins conſidérable que la pierre.

Je dis expreſſément, *tandis que l'état de l'homme permet, que la pierre luy ſoit plus conſidérable que l'animal.* Car ce qui prouve invinciblement que c'eſt cette unique raiſon de l'uſage de l'homme, qui fait préferer la pierre à l'animal , c'eſt que quand l'homme, eſt réduit à un état , où l'animal lui devient plus néceſſaire , comme par exemple, dans une famine , ou dans

quel-

quelque lieu particulier, où l'animal peut fubvenir à une faim preffante; alors les chofes changent de face, & le befoin de l'homme rend alors à l'animal, ce que l'abondance, & le luxe lui avoient juftement fait perdre en faveur de la pierre.

Or comme ces diverfitez de circonftances, & d'ufages font variables à l'infini; de là vient que l'on ne fçauroit affigner aucune régle finguliére à chaque action, mais il faut fe tenir aux générales, dont la prudence fait en fuite application aux actions finguliéres. Et d'autant que nous n'avons pas entrepris ici de faire une morale toute entiére, mais feulement de prouver, par les principes, & par les fondemens géneraux du droit, que les Souverains peuvent exercer un Pouvoir abfolu & illimite fur leurs fujets; cherchons maintenant ces régles générales de droit, qui font précifément applicables à nôtre matiere.

Nous difons, qu'il y a une égalité

G   natu-

naturelle entre tous les hommes, à les
conſidérer *en eux-mêmes*, comme
nous l'avons remarqué dés l'entrée de
nôtre ſecond Chapitre ; & par là, il
eſt impoſſible que les uns exercent, ni
un Pouvoir abſolu, ni aucun Pouvoir
ſur les autres ; car, par les principes
poſez, l'égalité naturelle fait un prix
égal, ou un mérite pareil ; & ainſi un
Pouvoir, qui rend inégal, ce qui eſt
égal, eſt injuſte, & contre le droit:
Par in parem non habet imperium.

Il faut donc que ce ſoit par les *cir-*
conſtances, que les Princes ont droit
de dominer ſur leurs ſujets ; or ces cir-
conſtances peuvent être conſidérées,
ou par rapport aux *perſonnes* compa-
rées entre elles ; ou par rapport aux
choſes, dans leſquelles ces perſonnes
ont commerce ; ou enfin par rapport
aux *choſes*, *& aux perſonnes tout en-*
ſemble, par l'uſage que celles-ci font
de celles-là. Si les Princes ont un
Pouvoir abſolu ſur leurs ſujets, il doit
donc dériver, ou de *l'éminence & de*

la

la dignité des Princes comparée avec la baſſeſſe des ſujets ; ou de la *nature propre de la puiſſance, qui lie les ſujets au Prince* ; ou enfin de la *néceſſité abſoluë, qui fait que les ſujets ne peu-vent ſe diſpenſer de dépendre de leurs Princes, de la maniére juſques ici ex-pliquée, & établie.*

Or puis que nous parlons, non pas d'un pouvoir tempéré, mais abſolu & illimité, il faut que ces trois divers fondemens ſur leſquels nous bâtiſſons maintenant le droit de ce Pouvoir, ſoient capables de le ſoûtenir ; & par conſéquent que *l'éminence* que nous attribuons aux Princes, ôte toute pro-portion d'eux à leurs ſujets : que *la nature de la puiſſance* qui les revêt, ſoit telle, que les plus mauvais traitemens ne puiſſent la diſſoudre, à l'égard de ceux qui en dépendent : & qu'enfin *la néceſſité* qui entretient cette puiſſance, ſurpaſſe toutes celles, que les maux, que le Pouvoir abſolu mal exercé peut pro-duire, ſont capables d'engendrer.

G 2

Car

Car nous devons toûjours nous ſouvenir de nôtre fondement général du droit, qui eſt , *la proportion , & l'égalité, des actions, & des objets ;* & afin que le Pouvoir abſolu ſoit fondé en droit, il faut que ſon exercice illimité, ait auſſi une raiſon dont la force ſoit illimitée , afin que cette égalité de droit s'y trouve. Ainſi, ni une *éminence médiocre* , ni une *puiſſance diſſoluble* , ni une *néceſſité ſurmontable* , ne ſuffiſent pas pour fonder le droit du Pouvoir abſolu ; il faut une *éminence ſans bornes* , une *puiſſance ſans exception* , & une *néceſſité ſans égale.* Voyons maintenant ſi ces trois choſes ſe trouvent dans les Souverains , d'une maniére à fonder le droit du Pouvoir abſolu.

Premiérement, pour ce qui eſt de *l'éminence* , je ne voy pas qu'il y ait grand peine à la reconnoître telle. Car, en un mot, nous parlons de la *ſouveraineté* , & de la ſouveraineté raſſemblée dans la perſonne d'un ſeul,

ou

ou *du Monarque.* Or je ne pense
point que qui que ce soit puisse contester, que la souveraineté du Monarque ne le mette dans un degré d'éminence qui ôte toute proportion entre
lui & ses sujets. Car comment pourroit-on concevoir, que la qualité de
sujet, eût de la proportion avec celle
de Souverain & de Monarque. Ceux
qui regardent de prés quelque objet
visible, en discernent tous les linéa-
mens, & en distinguent toutes les parties ; & cela cause en eux un grand
nombre de mouvemens singuliers, par
la multitude & par la diversité de ces
objets proches : mais ceux qui contemplent toute une campagne , ou
tout un païsage, de dessus une éminence fort éloignée ; ceux-là ne
voyent les objets qu'en gros, & con-
fondent, à cause de la distance, plusieurs choses, qui sont trés-diverses en
elles-mêmes; plusieurs images & plusieurs lignes se réduisant à une seule.
Appliquons cela à nôtre sujet, & disons,

sons, qu'il en est de même des conditions des hommes ; ceux que leur égalité rend proches les uns des autres,
peuvent faire de la moindre bagatelle
un sujet de contestation, & un fondement de droit, par cela même qu'ils
ne se doivent rien les uns aux autres,
& que ce qu'ils se voyent de si prés,
les peut faire entrer en considération
des moindres choses qui les concernent : mais ceux que le faîte de la Souveraineté éleve, comment pourroient-
ils, ou être curieusement examinez
par leurs sujets, dont la bassesse les
éloigne si fort d'eux ; ou entrer eux-
mêmes dans la considération des raisons particuliéres qui leur donnent
quelques droits, tandis que leur émi-
nente situation confond à leur égard
tous ces objets éloignez, & les empêche d'en voir le détail ? n'est-il pas visible, que l'idée générale de la puissance souveraine, qui les revêt ; rend
toutes leurs actions comme uniformes,
& les presente comme sous une même

me image, & fur une même ligne, à l'égard des Peuples ; quelques diver-fes qu'elles foient en elles-mêmes ; & qu'ainfi l'irrégularité particuliére en eft engloutie, par la dignité publique de ceux qui les executent ; à peu prés, comme nous difions ci-deffus, que la confidération du befoin, & des ufages de l'homme, qui fe joint quelquefois au prix des chofes naturelles, fait que les moins excellentes font juftement préferées à celles qui le font plus, à caufe du droit qu'a l'homme fur tou-tes ces chofes-là ?

On peut pourtant excepter que cet-te éminence des Souverains , quoy qu'elle les autorife pour beaucoup de chofes, & en beaucoup d'actions, ne les femble pas devoir autorifer géné-ralement en toutes, ce qui feul pour-tant peut faire le Pouvoir abfolu. Car la vûë éloignée, ne confond pas tous les objets quoy qu'elle en confonde une partie ; & ainfi le droit des Souverains, pour être trés-grand, n'eft pas pour ce-la illimité.　　　　G 4　　　　Pour

Pour rendre donc nôtre argument, tiré de l'éminence des Souverains, tout à fait incontestable, il faut le fortifier par de nouvelles considérations, & montrer que cette éminence tire aprés soy un Pouvoir sans bornes. Or nous avons ici pour nous, & *l'Ecriture*, & la *raison*.

L'Ecriture attribuë aux Souverains une éminence comme infinie, & capable de fonder un Pouvoir illimité, en plusieurs differentes maniéres. 1. En les appellant *Dieux*, comme elle fait, Pseau. 82. 6. Jean 10. 34. 35. I. Corinth. 8. 5. &c. 2. En appellant leurs sujets *Esclaves*, comme elle fait I. Samuël 8. 17. Esdras 9. 9. &c. 3. En se servant de l'idée de la Royauté, pour exprimer la domination absoluë d'une chose sur une autre, comme elle fait parlant *de la mort*, *& du péché*. Matth. 20. 25. Rom. 5. 14. & 21. & 6. 12. & 14. Pseau. 119. 134. &c. 4. En attribuant à Dieu le titre de Roi, comme celui qui exprime sa toutete-puiſſance, Pſeau. 99. 1. & 110. 2. &c. 5. En accuſant, ceux qui affe-Ctent de régner, de vouloir ſe mettre en la place de Dieu, comme Jug. 8. 23. & ceux qui veulent un Roi d'entre les hommes, de rejetter Dieu, comme I. Samuël 8. 7. & 12. 12. &c. Nous ne nous étendons pas, pour montrer la force de chacun de ces ar-gumens, parce que cela nous méne-roit trop loin, & que le Lecteur n'a qu'à ſe ſervir de ſa propre pénétra-tion, pour en voir clairement la con-ſequence.

La raiſon nous fournit auſſi en cet endroit deux preuves conſidérables, l'une tirée de *la nomothetique*, ou de la puiſſance de donner des loix ; l'autre tirée de *l'adoration civile*, dont cha-cun convient que les Rois ſont le légi-time objet.

Pour ce qui eſt de *la nomothetique*, nous diſons, que l'on ne ſçauroit la reconnoître dans les Princes, ſans con-venir de leur Pouvoir illimité, par la

G 5 vûë

vûë de leur éminence indéfinie. Car les hommes n'ont rien en eux qui soit au dessus de leur intelligence ; c'est par là précisément qu'ils sont hommes, & qu'ils se distinguent des bêtes : on ne peut donc concevoir une éminence plus grande que celle qui s'éleve jusqu'à assujettir l'intelligence des hommes, & à captiver leurs lumiéres : or c'est cela même que renferme la puissance nomothetique. Car on tombe d'accord que la force de la loy n'est pas formellement dans sa justice, mais dans l'autorité du Législateur ; & autrement certes, les conseils des sages, & les réponses des prudens, se confondroient selon le droit, avec les Edits, & les Ordonnances des Princes ; ce qui est absurde. Les Souverains en donnant des loix, soûmettent donc les lumiéres mêmes de leurs sujets, & on doit leur obéïr parce qu'ils ordonnent, & non pas parce que ce qu'ils ordonnent paroît juste ; ce qui suppose cette éminence indéfi-

indéfinie, dont le Pouvoir abſolu réſulte. C'eſt ce que les loix mêmes ont
exprimé par ces termes, *non ambigitur
ſenatum jus facere poſſe*, car, *jus facere*, c'eſt proprement *rendre néceſſaire, & indiſpenſable ce qui de ſoy étoit
libre* ; or les Princes ont le Pouvoir de
faire cela, & ainſi la force de leur volonté change la nature des choſes ; ce
qui eſt une image manifeſte de la puiſſance infinie, qui rend les choſes juſtes
en les voulant, & injuſtes en ne les
voulant pas.

L'adoration civile, que tout le
monde défere aux Rois, ne prouve
pas moins manifeſtement cette éminence qui fonde le Pouvoir illimité.
Car on ſçait que l'Adoration en général, eſt l'acte de la plus profonde ſoûmiſſion, & du dernier reſpect ; d'où
vient auſſi que c'eſt par ce mot qu'on
exprime l'honneur que l'on rend à
Dieu. Or on qualifie *religieuſe* cette
adoration de Dieu, pour la diſtinguer
de celle des Rois que l'on appelle *ci-*

 vile:

vile : mais ce sont leurs *sujets* qui les distinguent , & non pas précisément leurs maniéres ; car pour pouvoir retenir le nom d'adoration , il faut que l'une & l'autre renferment une espéce d'anéantissement , & de sujettion sans réserve, de la chose qui adore,à l'égard de celle qui est adorée ; & l'une & tre supposent dans la chose adorée un Pouvoir de détruire absolument celle qui l'adore ; tellement que c'est, dans une soûmission volontaire à cette puissance de détruire , que consiste proprement l'acte d'adoration. Comme donc l'on adore Dieu religieusement en lui soûmettant, l'ame, & la conscience sur lesquels il régne ; aussi en adorant les Rois, on reconnoît qu'ils ont une puissance absoluë sur les corps, & sur la vie presente , ce qui réduit leur adoration au genre politique ou civil ; & prouve par elle, la même éminence dans les Rois quant aux choses temporelles, que celle qui est en Dieu quant aux choses de la

con-

confcience, que nous confidérons comme éternelles.

L'éminence des Princes étant ainfi établie, nous venons maintenant à la *nature de la Puiffance en elle-même*, pour montrer qu'elle eft le fecond fondement du Droit abfolu des Souverains. Or nous trouvons ici deux principales raifons, pour tirer la preuve que nous cherchons dans cette Puiffance. La premiére réfulte de cette Puiffance *confidérée en elle-même* ; la feconde naît de *la comparaifon que nous en faifons avec la Puiffance Eccléfiaftique.*

Quant à *la Puiffance en elle-même,* nous difons, que fi elle ne va pas jufques au Pouvoir abfolu, les Etats, & les Empires du monde n'ont aucune fubfiftance certaine, & font dans un chancellement perpétuel.

Pour faire voir cela à l'œil, il faut reconnoître pour une maxime indubitable, que tout céde dans le monde au grand intérêt de l'ordre public, & de la con-

conservation des Etats. Cette maxime
est tellement certaine, que l'Evangile même s'en est servi, pour autoriser
le support des impies, & pour établir
la tolérance dont on use envers les
méchans dans l'Eglise. Car nous lisons, Matth. 13. 29. & 30. que Dieu
juge plus à propos, de laisser l'yvroie
parmi le bon grain, que d'arracher entiérement cet yvroie, durant cette vie,
de peur que cette trop sévére exactitu-
de, n'expose au péril le bon grain,
même, que le voisinage & les racines
de l'yvroie pourroient emporter.
C'est aussi en cette vûë, que David,
Roi pieux, & juste, supporta tant de
fois, les meurtres, & les insolences de
Joab, & que ce fier serviteur demeu-
rât impuni, que de hazarder la tranquillité de son Royaume, & la sûreté
de sa propre Personne, par la juste &
rigoureuse poursuite d'un si puissant
criminel. Voiez 2. Samuel. 3. 38. &
39. & 19. & suiv. & 1. Rois 2. 5. &c.
Or cette maxime étant reçûë, le
Pou-

Pouvoir illimité en résulte, d'une manière si évidente & si nécessaire, qu'il ne semble pas que même la bouche ait de paroles à y opposer. Car si la considération du bien public est si forte, qu'elle exige des Princes mêmes l'amnistie, en faveur de leurs sujets rebelles ; & s'il se peut faire, que la crainte d'un desordre, & d'une sédition, qui pourroit troubler un Etat, oblige les Souverains à oublier leur droit, & à épargner les coupables ; comment concevrons-nous que les Peuples ayent droit de ranger les Souverains, & de renverser sans dessus dessous la Société civile, pour exercer contre eux une vengeance, qui n'est pas même permise de particulier à particulier ?

Certes, s'il est loisible aux sujets en de certains cas d'examiner leurs Princes, & de leur faire rendre compte de leurs actions, le lien de l'union publique est rompu, & la porte est ouverte à toutes les séditions. Car on sçait que le caprice des Peuples n'a

point

point de régle , que l'ambition des Grands n'a point de bornes , & que les prétextes ne manqueront jamais, ni aux uns, ni aux autres, si l'on avouë une fois que l'on peut donner des loix à ceux qui dominent. Ainsi le genre humain sera dans une effroyable anarchie , par la tyrannique résolution de réduire à leur devoir ceux que l'on voudra qualifier de tyrans ; & pour se-coüer le joug d'un maître légitime, on s'en fera un nombre infini ; ou plû-tôt chacun se rendra soy-même tyran, & exercera selon ses forces cet injuste empire, dont il n'aura accusé son Su-périeur, que pour trouver une ouver-ture à sa licence.

Je supplie ceux qui liront cet endroit , de faire un peu de réflé-xion sur l'histoire tragique de Char-les I. Roi d'Angleterre , sur l'u-surpation de Cromwel , & sur l'ad-mirable rétablissement de Charles II. Je ne touche point aux raisons secrettes de ces changemens si surpre-nans,

nans, & de ces révolutions ſi promptes. La ſage Providence eſt toûjours bonne & juſte, quelques méchans que ſoient ſes inſtrumens. Mais je m'arrête ſeulement à l'état extérieur des choſes, & à ce que nos propres yeux ont vû. Fut-il jamais rien de ſi extravaguant, ni de ſi miſerable tout enſemble, que de ne pouvoir ſouffrir un légitime Roi, dans l'exercice de ſes juſtes droits ; & d'adorer un de ſes ſujets mis en ſa place, & exerçant un Pouvoir auſſi abſolu, que celui du Prince avoit été relâché ? eſt-il bien croyable ? & ſi l'expérience de nos jours ne nous l'avoit appris, l'aurions-nous bien imaginé ? qu'un Peuple fier, & extrêmement jaloux de ſa liberté, eût pû ſe rendre eſclave d'un particulier, par le deſir de régler ſon Maître ? & eût mieux aimé ſe faire un nouveau Seigneur, par mille meurtres, & par une ſanglante guerre civile, que de vivre en paix ſous le doux empire de celui, dont il a été contraint de recevoir

l'Hél'Héritier, pour convaincre un chacun de la témérité de sa fougue ?

Si ce fameux exemple ne rend pas sans replique la doctrine que nous venons de poser, nous avoüons franchement que nous ne nous croyons pas capables de persuader, & que nos efforts dans tout ce Traité sont inutiles, mais les sages, & les médiocres foux mêmes, y penseront sans doute avec fruit, & il n'y aura que les desespérez à qui il prendra envie de remuer les bornes que leurs prédécesseurs auront plantées.

La comparaison de la Puissance Politique, & de la Puissance Ecclesiastique, ajoûte encore quelque nouvelle évidence à tout ce qui a été dit jusques ici. Car chacun sçait que le partage de leurs droits consiste, en ce que la Politique *a le pouvoir de contraindre*, comme l'Ecclesiastique se réduit *à la force de persuader*. Car celle-ci domine sur les ames mêmes, par la verité établie & prouvée ; & celle-là range

ge

ge les corps par la force majeure, &
par les supplices, lors que la rebellion
empêche d'écouter la justice, & la verité. Or comment peut-on contester
le Pouvoir absolu, à une Puissance
coactive ? n'est-ce pas formellement
dans le droit de contraindre, & de forcer, que consiste ce qu'il y a *d'absolu*
dans le Pouvoir ? tandis que l'on est
obligé de raisonner ; tandis que l'on
s'étudie à persuader ; le Pouvoir que
l'on exerce est un Pouvoir temperé,
& suppose l'équité & la justice des raisons que l'on propose, pour assujettir
en persuadant. Mais dés que l'on vient
à la Politique, & au Magistrat, qui ne
voit qu'alors on change de batterie, &
que l'on réduit à la force, & par con-
sequent à la puissance illimitée, pour
ce regard, ce qui auparavant se trai-
toit par le droit temperé ? car on ne
peut mieux nommer qu'*illimitée* la
Puissance, qui soûmet les gens malgré
eux ; & qui sans écouter ni leurs plain-
tes, ni leurs raisons, les réduit par pure

re voye de fait au point où l'on veut qu'ils se rangent : Or c'est cela même que la Puissance Politique execute ; c'est en cela que consiste son essence, entant qu'elle est differente de l'Ecclesiastique. *La Loy n'est point mise pour le juste, mais pour ceux qui ne se peuvent ranger.* I. Timoth. 1.

Que si l'on excepte à cela, qu'il est bien vrai que la Puissance Politique exerce la voie de fait, & par là le Pouvoir absolu, dans l'execution des jugemens & des loix ; mais que cet exercice, & cette execution présupposent la Justice des loix, & des Jugemens mêmes, ce qui semble exclure nôtre Pouvoir illimité, puis qu'autrement, non seulement quelques Souverains, mais les Magistrats Politiques, lors qu'ils font executer leurs ordres contre les coupables, devroient être estimez absolus, ce qui est absurde. A cela nous répondons, que les Magistrats subalternes, qui ne sont pas Auteurs des loix, ne peuvent pas être considerez

fiderez comme exerçans, par eux-mêmes, le Pouvoir abfolu, voilà pourquoi même il y a appel de leurs jugemens à ceux des Souverains. Mais qui
peut nier que les Souverains, qui font
les loix, & qui jugent en dernier ref-
fort n'exercent cet abfolu Pouvoir,
puis qu'encore que ceux que l'on execute à mort, ou que l'on mulĉte, ou
bannit, aprés leur jugement, n'y ac-
quiefcent point, & le puiffent eftimer
injufte, il faut cependant qu'ils fubif-
fent ? Mais il y a plus que cela, c'eft
que, comme nous l'avons dit ci-deffus, parlant de la *Nomothétique*, ce
n'eft pas précifément la Juftice des
loix, qui fait leur force, c'eft l'Autorité des Legiflateurs : autrement chaque particulier auroit droit d'examiner
les loix, & ne feroit tenu de les obfer-
ver qu'aprés les avoir approuvées, ce
qui feroit la plus étrange confufion du
monde, & réduiroit la Puiffance Politique à une pure chimére.

Aprés tout, pour preffer encore davantage

tage cette raison tiréedela comparaison
de l'Empire & de l'Eglise, nous disons,
que comme l'*Infaillibilité* de la parole
de Dieu, est dans l'Eglise, & dans la
Religion, le centre des lignes de la foy,
ou la base de la créance: Aussi ce qu'on
appelle l'*Anypeythynie*, (qui est le droit
d'agir sans pouvoir être repris, ni con-
trollé) est dans le monde & dans les
Etats Politiques, l'appuy & la fermeté
des Sociétez civiles. Comme la persuasion religieuse est douteuse & chan-
celante, tandis que l'autorité de la doctrine qui la fonde n'est pas reconnuë
infinie ; Aussi l'union civile est mal
étreinte, & aisément dissoluble, tandis que le pouvoir de ceux sous qui elle
se forme, n'est pas reconnu illimité.
Et il est visible, que comme dans la
Religion la force de la foy procéde
uniquement de la verité incontestable
de Dieu, qui y parle : Aussi dans les
Etats du monde, la force du Gouvernement procéde uniquement de l'autorité inviolable des Princes qui dominent.

nent. Car il y a une proportion tout à fait égale, entre *la voye perfuafive* de la Religion & l'*Infaillibilité* d'une part, & entre *la voye coactive* de la Politique, & l'*anypeythynie* de l'autre. Et comme l'erreur une fois foupçonnée dans le fondement de la créance, renverfe la Religion : aufli le droit d'examen une fois concedé aux Peuples fur leurs Princes dans la Société civile, détruit la Puiffance & fait l'Anarchie.

Refte le troifiéme fondement général affigné au Pouvoir abfolu dans ce Chapitre, lequel nous avons fait confifter dans *une neceffité d'obéïr, & de dépendre des Princes, qui furpaffe toutes celles, que tous les inconveniens qu'on peut craindre de l'excés du Pouvoir abfolu pourroient engendrer.* Or ce fondement produit une preuve la plus évidente & la plus inconteftable de toutes, pourvû qu'il foit bien établi. Car de deux maux il faut toûjours choifir le moindre ; & on traite d'enragez, ou de defefperez, ceux qui aiment,

ment mieux mourir, que perdre un bras ou une jambe. S'il est donc vray, que tous les plus grands desordres, que le Pouvoir absolu peut sembler produire, n'approchent pas de ceux que la rebellion contre ce Pouvoir causeroit; Il n'y a plus le moindre lieu d'hesiter, & il faut supporter ce Pouvoir, pour le moins par intérest, si l'on ne veut pas le souffrir par les raisons de conscience ci-devant alleguées.

Or l'on ne sçauroit bien envisager l'origine de ce Pouvoir, & les progrés insensibles qui l'établissent dans les Etats, sans convenir de ce fondement posé. Car, comme nous l'avons insinué dés le commencement du 2. Chapitre de ce Traité, lorsque nous expliquions l'état de nôtre question, le Pouvoir absolu dont nous parlons est un fruit du vice des Peuples, & de leur miserable licence. Dieu qui est juste & bon, ne le laisse jamais établir, que lorsque la necessité de la subsistance des Empires l'exige ainsi. Et il faut

que

que ceux qui y font aſſujettis, ſoient incapables d'être rangez à leur devoir par un moindre Pouvoir que celuy-là, puiſque la Providence l'a laiſſé prendre à ceux qui l'exercent. Ce qui marque, & un effroyable degré de corruption dans les Peuples, & à même temps une force, & un degré de puiſſance extraordinaire dans les Princes; puis que ſans ce degré de force d'un côté, le Pouvoir ne ſçauroit être ſi grand; & ſans ce degré de malice d'un autre, il ne ſçauroit être neceſſaire.

Or ces deux choſes poſées, je dis que nôtre fondement eſt inconteſtable. Car, portez tant loin qu'il vous plaira, les maux & les deſordres qui peuvent naître de l'abus du Pouvoir abſolu; il eſt toûjours clair que l'intéreſt même de celui qui l'exerce, le force à ſe conſerver un Peuple, & à ſe conduire tellement que ſes ſujets ſubſiſtent; autrement il deviendroit, un Prince ſans ſujets, & ſans Etat, ce qui feroit ſa propre ruïne. Mais ſi vous

H   ôtez

ôtez à ce Prince fon Pouvoir abfolu,
vous réduifez fes fujets à une guerre
inteftine, à une anarchie effroyable, à
des féditions perpétuelles, que leur
ambition, & leur vice, ne fçauroit laiffer finir, que par leur entiére deftruction. Si la juftice & la fageffe de la
Providence, qui permet le Pouvoir
abfolu, ne fuffifent pas à quelques-
uns, pour leur perfuader cette vérité;
je les renvoye à l'expérience de l'établiffement des Empereurs Romains.
Car combien de fédition, de confpi-
rations, de guerres civiles, de bou-
cheries (pour en mieux parler) ne
vit-on point dans l'Empire Romain,
pendant quarante, ou cinquante ans?
& qui peut douter, que la Puiffance
Defpotique des Cefars, n'ait été un
frein, que la bonté Divine a oppofé à
ces licences? Caligula & Neron, avec
toute leur brutalité, ont-ils tant fait
de defordres que Marius & Scylla ? &
les commencemens d'Augufte, d'An-
toine, & de Lepidus, n'ont-ils point

am-

amplement juſtifié , les débordemens de Domitian , & d'Heliogabale, ou les excés de Baſſian ?

Concluons donc , comme ci - devant, que, puis que le Pouvoir abſolu a dans les Princes un fondement qui lui eſt proportionné ; puis que les Souverains ont une éminence , qui ôte toute proportion d'eux à leurs ſujets;puiſque la puiſſance de faire des loix prouve cette éminence ; puis que l'adoration civile en eſt une publique confeſſion dans les ſujets mêmes ; puis que la puiſſance Politique conſidérée en elle-même inſinuë le Pouvoir illimité ; puis que la conſervation des Etats l'exige ; puis que la puiſſance coactive le demande ; puis que *l'anypeythinie* eſt de la Politique, comme *l'infaillibilité* eſt de la Religion ; puis qu'enfin , tous les deſordres imaginables dans l'abus du Pouvoir abſolu , ne peuvent égaler ceux de la rebellion contre un tel Pouvoir ; puis que, dis - je , toutes ces choſes ſont ainſi ; concluons

 comme

comme auparavant, que le Pouvoir absolu est, & possible, & légitime, & nécessaire dans le monde, & que les Princes de la terre le peuvent exercer, sans que les Peuples puissent légitimement s'en souftraire.

CHAPITRE VI.

Quatriéme & derniére preuve, tirée de l'origine des Puissances.

LE s trois preuves générales, contenuës dans les trois Chapitres précédens, suffisent sans doute pour le dessein que nous avons d'établir le Pouvoir absolu des Princes ; & elles sont appuyées chacunes, sur tant d'argumens particuliers, dont la force & l'évidence ne peuvent être justement contestées, qu'il semble que c'est inutilement desormais, que nous insistons encore sur cette matiére. Néanmoins, nous estimons ne devoir pas obmettre

un

un grand nombre de nouvelles raifons, qui fe tirent de *l'origine des Puiffances* ; & puis que nous traitons du
Pouvoir ou de *l'Autorité* des Princes,
nul ne pourra difconvenir, que la
preuve que nous prétendons en donner, par l'explication de leur origine,
ne foit trés-pertinente, & trés à propos ; cela devant fervir à nous en faire
comprendre *la nature, le but,* & *l'u-
fage,* auffi bien que *le degré,* & *la perfection.* Paffons donc à cette quatriéme preuve générale, qui fera la derniére ; & découvrons les divers
moyens particuliers qu'elle nous fournit, pour confirmer ce qui a déja été
folidement établi.

L'origine des Puiffances doit être
confidérée, ou par rapport à la *caufe premiére* qui eft Dieu, ou en vûë
des *caufes fecondes* qui font les hommes.

A l'égard de la caufe premiére,
nous confidérons l'origine des Puiffances en deux maniéres, fçavoir. 1.

                    En

En général, ou, pour mieux dire, *absolument*, en tant que leur établissement effectif nous est une déclaration
de la volonté de Dieu, laquelle nous
sçavons être la maîtresse absoluë des
événemens. 2. En particulier, ou en
vûë *des raisons*, pour lesquelles nous
pouvons concevoir qu'il a plû à Dieu
que cet établissement des Puissances
se fit ; & ces raisons nous paroissent
deux en nombre. L'une regarde *Dieu
même*, & l'autre regarde les *hommes*.
Dieu a voulu établir des Puissances au
monde pour l'amour de soi-même, en
ce qu'il a frayé le chemin par elles au
régne éternel de Jesus Christ. Dieu a
voulu que ces mêmes Puissances fussent établies à cause des hommes, en
ce que la *subsistance du genre humain*
en dépendoit, comme nous l'avons insinué ci-devant.

A l'égard des causes secondes, nous
ne pouvons concevoir l'origine des
Puissances qu'en deux maniéres générales, l'une *extraordinaire*, l'autre *ordinaire*.

dinaire. Nous appellons extraordinaire celle, ou Dieu agit immédiatement par les hommes, & choisit lui-même les Princes qu'il établit, & explique leur Pouvoir, comme il arriva dans l'élection de Saul, & de David, & de Jehu, parmi les Israëlites. Nous appellons ordinaire celle qui s'execute par les hommes selon les voyes communes de la raison, sans que Dieu y agisse autrement que par sa Providence générale.

Or celle-ci a diverses branches, car ou elle est *primitive*, & donne la première origine à la Puissance, ou elle est *dérivée*, & suppose le premier établissement. La primitive vient, ou de *ceux qui dominent*, ou de *ceux qui sont sujets*. Ceux qui dominent se rendent maîtres des autres, ou par *force*, ou par *ruse*. Ceux qui sont sujets se font des maîtres, ou *librement*, ou par *nécessité*. L'établissement libre vient du *mérite* de ceux que l'on choisit pour dominer. L'établissement nécessaire

 procé-

procéde, ou *de la crainte d'une domination plus fâcheufe* dont on eft menacé, qui oblige à fe choifir des Prote-
cteurs plus doux, & plus favorables; ou de la *néceffité invincible qu'impo-
fent, la jaloufie, & l'égalité*, dont nous avons parlé ci-devant. Quand à l'origine, que nous appellons *dérivée*, elle eft auffi double, car ou elle vient de la *fucceffion* ; ou elle eft dépendan-te de *l'élection* ; mais en ce dernier cas, elle ne fait point de raifon nouvelle pour le Pouvoir abfolu, puis qu'elle ne differe point de la *primitive*, que nous avons rapportée à la même ef-péce.

De toutes ces diftinctions réfultent dix origines des Puiffances Politiques, qui nous fourniffent autant de raifons pour le Pouvoir abfolu des Princes, & font nôtre quatriéme preuve géné-rale. La 1. eft *la volonté de Dieu, con-nuë par l'événement des chofes mê-mes.* La 2. eft *le rapport des Puiffan-ces du monde au Régne de Jefus Chrift.*

La

La 3. est *la subsistance du genre humain.*
La 4. est *la vocation immédiate, & extraordinaire de Dieu, par le ministére des hommes.* La 5. est *l'établissement des Puissances par la force, ou par les armes.* La 6. est *l'établissement par la ruse.* La 7. est *la libre élection,* La 8. est *la nécessité imposée par la crainte d'un joug étranger.* La 9. est *la nécessité imposée par la confusion de l'anarchie, que la jalousie, & l'égalité causent.* La 10. & derniére, est *l'établissement fait par succession héréditaire, la premiére origine de la Puissance étant supposée.* Examinons à cette heure ces dix raisons distinctement, & montrons-en la force, & la conséquence pour le Pouvoir absolu.

Nous disons donc premiérement, que quelque origine particuliére qu'ait la Puissance, & par quelque moyen, ou pour quelque raison qu'elle soit établie, il est toûjours vray, que la Providence de Dieu en est la premiére cause, & la vraye source, comme S.

H 5 Paul

Paul l'enseigne formellement, Rom. 13. verf. 1. & 2. Et que ce même Dieu qui a établi les Puiffances, eft celui qui les conferve, qui les fortifie, & qui rend leur joug plus ou moins pefant, felon qu'il le juge expédient pour la confervation de l'ordre, ou pour l'accompliffement de fes deffeins, comme l'Ecriture l'infinuë, Ifaïe 8. 6. 7. Of. 13. 11.

Or cela pofé, il eft impoffible de plus contefter légitimement le Pouvoir abfolu des Princes qui exercent ce Pouvoir. Car que l'on trouve leur joug pefant tant que l'on voudra ; qu'on l'eftime, fi l'on veut, comme infupportable ; que l'on fe donne même la licence d'accufer en particulier leur conduite ; Tout cela n'empêche pas que l'on ne foit obligé d'avoüer, que c'eft Dieu qui les a établis dans ce degré de Pouvoir ; & ainfi ce feroit fe rebeller contre Dieu, que fe rebeller contre eux. C'eft même vouloir être plus fage que Dieu, que de s'ingérer
d'ac-

d'accuſer leur conduite ; car il plaît à Dieu que ces Princes ſe gouvernent de cette maniére ; & s'il n'étoit pas expédient qu'ils exerçaſſent ainſi leur autorité, Dieu qui tient leurs cœurs en ſa main, & qui les encline où il veut, ne les laiſſeroit pas agir ainſi, mais il les tourneroit ailleurs. C'eſt donc une pure témérité que de conteſter; Il faut reſpecter l'ordre de Dieu, ſans s'arrêter au deſordre apparent des hommes; & ce deſordre même, quelque grand qu'il paroiſſe, n'eſt point un deſordre en effet; puiſque c'eſt la ſage Providence de Dieu qui y préſide, & qui en tire l'accompliſſement de ſes deſſeins.

Tout ce que l'on peut excepter à cela, c'eſt, qu'il ne ſemble pas véritable que l'on ſoit obligé de ſouffrir tout ce que la Providence procure, ſans y apporter du reméde en s'y oppoſant ſelon ſes forces. Car, par exemple, la peſte, la famine, la guerre, & les autres fleaux ſemblables ſont des effets de la Providence; & cependant qui est-ce qui s'imagine que l'on péche, ou que l'on résiste à Dieu, en cherchant d'arrêter le cours de ces maux, par les moyens que la prudence humaine suggere ? Tout de même donc que l'on arrête la peste par de bons remédes ; que l'on éloigne la guerre, ou par une vigoureuse résistance, ou par des Traitez de paix ; pourquoy n'arrêtera-t-on pas la violence des Princes qui exercent le Pouvoir absolu, en s'y opposant fortement, & en refusant de s'y soûmettre ?

Nous répondons à cela. 1. Qu'il y a une grande difference, entre les châtimens que Dieu déploye sur nous par la peste, par la guerre, par la famine, & par d'autres fléaux semblables, & ceux qu'il nous fait sentir par le ministére des Princes absolus. Car ceux-là agissent par voye de nécessité naturelle, & ceux-ci par voye d'action morale. Or les choses naturelles étant toutes au dessous de l'homme, & Dieu ayant

ayant expreſſément donné à l'homme la domination ſur elles, il eſt permis à l'homme d'uſer de ces choſes d'une maniére accommodée à ſa propre utilité, & par conſéquent de les détruire s'il peut, lors qu'il les voit en état de lui nuire. Mais les Princes étant au contraire, en cette qualité de Princes, au deſſus de leurs ſujets ; il ne peut être loiſible aux ſujets de réſiſter aux Princes, comme ils réſiſtent, où à la famine, ou à la peſte ; ce ſeroit réſiſter à Dieu même, Rom. 13. 2.

Nous répondons auſſi. 2. Que cela même poſé, que l'on puiſſe, & que l'on doive chercher des remédes pour ſe delivrer des maux que l'exercice du Pouvoir abſolu peut faire fouffrir, (à quoy ſans doute il n'y a nul qui ne conſente) il ne s'enſuit pas pour cela que la rebellion contre ceux qui uſent de ce Pouvoir ſoit permiſe ou légitime; & les exemples de la famine, de la peſte, & des autres maux, bien loin de prouver cela, le renverſent entiérement.

rement. Car il est vray au fond, que le désir naturel que Dieu a imprimé dans chaque creature de se conserver elle-même, donne le droit à chaque homme que le Pouvoir absolu incommode, de chercher des moyens pour s'exempter, ou pour se delivrer de cette incommodité : Mais il est évident, par les exemples mêmes de la peste, de la guerre, & de la famine ci-dessus alléguez, que la maniére de chercher ces moyens, & de les appliquer, doit être proportionné à la nature des maux ausquels on veut apporter du reméde ; car autrement on travailleroit sans succés. Ainsi, l'on s'oppose à la peste par des médicamens, à la guerre par les armes, à la famine par des alimens ; & l'on seroit ridicule, si l'on opposoit des armes à la peste, ou à la famine ; ou des alimens à la guerre, &c. Or appliquant cette réfléxion à nôtre sujet, nous disons que la rebellion contre le Pouvoir absolu est par là entiérement

inter-

interdite. Car comme ce Pouvoir eſt exercé par des hommes, à qui nous ſuppoſons que Dieu l'a donné ; & comme ce même Pouvoir agit par voye de droit & d'autorité ſur ceux qui y ſont aſſujettis : Il eſt clair, que tous les moyens légitimes, & juſtement applicables pour en éviter la charge, ſe réduiſent aux ſupplications & aux priéres, comme nous l'avons déja dit ci-devant : n'y ayant aucune voye proportionnée à la Puiſſance de la part des ſujets, pour en arrêter le mal, que celle de la trés-humble remontrance, & de la victoire qui eſt particuliére aux foibles, lorſqu'ils deſarment ceux qui ſont plus forts qu'eux, par la compaſſion qu'ils leur font. En effet, comme les moyens par leſquels on réſiſte aux maux naturels, ſont naturels auſſi ; comme ceux par leſquels on ſe delivre des maux ſpirituels, ſont ſpirituels ; Il faut auſſi que ceux qu'on employe envers un Monarque ou un Prince abſolu, pour ne pas éprouver sa rigueur, soient des moyens civils ou raisonnables, & qui conviennent à la qualité, & de sujets, & de Prince. Or appellera-t-on moyens raisonnables & civils, ceux de la rebellion ? Et ne vaut-il pas mieux souffrir injustement étant sujet, que de commettre un crime de rebellion pour éviter cette souffrance ? Où est-ce qu'aura lieu la défense de se venger soy-même, ou le commandement de faire du bien à ceux qui haïssent, si ce n'est en cette rencontre, dans laquelle le respect de la Puissance publique, & la nécessité de l'ordre établi de Dieu, engloutissent toutes les considérations de l'intérest particulier?

Cette premiére raison pour la Puissance absoluë, que nous avons tirée de l'ordre général de la Providence, demeure donc dans sa force ; & c'est veritablement s'opposer à Dieu, que de s'opposer, par voye de rebellion, à cette sorte de Puissance.

La seconde raison ci-dessus insinuée, est prise du *rapport qu'a le Pouvoir absolu,* folu, *au régne de Jefus Chrift*; & cette feconde raifon peut être expliquée & établie en deux maniéres, & ainfi nous fournit feule deux divers argumens pour le Pouvoir dont nous traitons. Car le rapport de ce Pouvoir au régne de Jefus Chrift fe peut faire, ou par maniére de *femblable*, ou par maniére de *contraire*. C'eft ce que noùs allons maintenant expliquer.

Jefus Chrift eft le but de tous les ouvrages de Dieu, comme Dieu eft le but de Jefus Chrift même, 1. Cor. 3. 23, & 11. 3. Coloff. 1. 16. &c. Ainfi la Création du monde, fa confervation, fa chûte, fon rétabliffement, fon ordre tant naturel, que Politique, & Ecclefiaftique, tout enfin a fon rapport au Sauveur, & n'exifte, où ne fubfifte, que pour fervir à fon régne & à fa gloire.

C'eft fur ce pié-là qu'Adam fut d'abord créé innocent & heureux, qu'il fut mis dans le Paradis Terreftre, qu'il fut établi maître du monde fenfible,

qu'il

qu'il donna les noms à tous les animaux, que la femme fut tirée de ſon
côté comme il dormoit, &c. car en
toutes ces choſes il fut figure de Jeſus
Chriſt, qui devoit être fait en Eſprit
vivifiant ; poſſeder le Paradis céleſte ;
dominer ſur tout le monde ; avoir en
ſoy tous les treſors cachez de ſcience
& d'intelligence ; & donner naiſſance
à l'Egliſe par ſa mort.

Et comme la ſageſſe de Dieu, qui
diſpoſe toutes choſes, en nombre, en
poids, & en meſure, devoit amener ſes
ouvrages à leur perfection, par de certains degrez, & commençant par *le
ſenſuel*, finir par *le ſpirituel*, 1. Cor.
15. 46. Pour venir d'Adam à Jeſus
Chriſt, & de la Création à la Rédemption, il faloit que le péché intervint, &
que le mal de la foible créature, donnât occaſion au bien de Dieu tout-puiſ-
ſant. C'eſt pourquoi Adam fut formé
muable ; Dieu conduiſit ſa mutabilité
à l'immutabilité, par le changement
effectif ; ſon malheur, & ſa faute,
frayé-

frayérent le chemin au bonheur & à la
Juſtice de Jeſus Chriſt. Et il fut encore en cela la figure du Rédempteur,
étant devenu le Pere de la mort, & du
péché, comme Jeſus Chriſt le devoit
être de la ſainteté & de la vie, Rom. 5.
14. 1. Cor. 15. 21.

La Puiſſance du Meſſie tient donc
aujourd'hui la place de celle d'Adam;
& comme Adam avoit un empire Deſ-
potique ſur la terre; auſſi Jeſus Chriſt
a reçû toute puiſſance, & ſur la Terre, & dans les Cieux, Matth. 28.
18. Mais l'état mitoyen du péché,
entre Adam innocent, & Jeſus Chriſt
Rédempteur, a dû amener de l'un à
l'autre, peu à peu, & la ſageſſe Divine a employé pour cela des moyens,
qui en découvrant les merveilles de la
Providence, s'accommodent auſſi au
génie de ceux à qui le grand bien du ſalut éternel eſt préparé. Dieu donc réſervant au ſiécle futur la conſomma-
tion des choſes dont le ſiécle preſent
n'eſt pas digne, il jette pourtant dés
cette

cette vie les fondemens de l'autre ; il donne une certaine durée à la Nature corrompuë afin de former les hommes à la gloire, par la Grace ; il ébauche le Regne de Jesus Christ, par l'ordre qu'il etablit dans ce monde ; & donnant aux hommes pécheurs des loix, & des Princes sur la Terre, il refréne par là l'extrême licence du vice ; Il figure & represente comme dans un tableau visible la domination spirituelle de son Fils ; & fait par la Politique envers les corps, ce qu'il accomplit par la Religion envers les ames. *Tante molis erat cælestem condere gentem.*

Tout de même donc que dans la Création, Dieu mit Adam en sa place, & luy donna sur les choses de son ordre cet ample Pouvoir, que Moïse nous décrit Genese 1. 28. Tout de même aussi dans la Regénération, ce *Dieu invisible*, a rendu Jesus Christ *son image visible*, & *l'a fait héritier de toutes choses*, Coloss. 1. 15. Hebr. 1. 2. 3. Et en attendant la consommation de

son

son Empire, il a voulu que le temps, le lieu, & l'état mitoyen des hommes, entre Adam innocent & Jesus Christ glorifié fût occupé par les Puissances séculiéres ; afin que son grand ouvrage eût ses parties, son ordre, ses degrez, & ses proportions ; & que les hommes apprissent par le joug des Rois terriens, à captiver & leurs lumiéres & leurs volontez à l'autorité de Jesus Christ.

Voilà la principale source de l'établissement des Puissances, & la premiére cause de leur création, quant à Dieu. Par où il est visible que ces Puissances peuvent avoir la même autorité sur leurs sujets, quant à la vie corporelle périssable, que Jesus Christ a sur les siens quant à la vie spirituelle céleste, & qu'Adam eût sur la nature créée quant à la vie corporelle innocente. Car il n'y a point de raison qui empêche que l'on ne puisse donner autant de droit aux Rois du monde sur les choses qui sont de leur direction, que Dieu en donna à Adam, & en a donné

né

né à Jesus Christ sur ceux qui sont de la leur : puis que le dessein de Dieu, qui se découvre par l'usage, & par le rapport que ces diverses dominations ont entre elles, y exige, à proportion, les mêmes droits, & la même puissance.

En effet, si la méthode de la sagesse de Dieu est toûjours parfaite, & accommodée à la droite raison, pour laquelle il a plû à Dieu de s'en servir; ne doit-on pas reconnoître, que la nature ayant été assujettie à Adam par inclination, & toutes les créatures ayant été assujetties à Jesus Christ par l'Esprit de Grace, les hommes doivent être assujettis aux Princes par la puissance coactive; de telle maniére que le degré d'assujettissement soit égal, dans ces trois ordres généraux de Puissances, selon les régles de la proportion que leur différente nature veut qui y soient gardez ? puis que donc le Peuple de Jesus Christ est *un Peuple de franche volonté*, par la vertu

vertu de l'Esprit santifiant, Pseaume 110. 3.

Puis que le Peuple d'Adam a été un Peuple d'obéïssance nécessaire, par les impressions de la Nature innocente ; les Peuples des Rois & des Souverains du monde, qui tiennent le milieu entre les sujets d'Adam & les sujets de Jesus Christ, & quant au temps, & quant à l'état de corruption, doivent aussi tenir le milieu quant à la maniére d'être soûmis ; sans que le degré de soûmission soit moindre que dans les deux autres Puissances. De sorte que le droit absolu étant reconnu en Adam, & en Jesus Christ, il doit être reconnu pour le moins possible & légitime à l'égard des Princes du monde ; toute la difference des uns & des autres se réduisant aux motifs, & à la matiére de la sujettion, & du Pouvoir, & non pas à sa maniére rapportée au degré. Car le vice, où nous supposons les hommes sous les Princes du monde, les rendant ignorans, & rebelles ; exige à leur égard

une

une Puissance de contrainte, qui leur donne des loix, & qui les force, pour tout ce qui se rapporte à l'ordre extérieur ; comme la santification que nous supposons dans les sujets de Jesus Christ, & l'innocence où nous considérons les sujets d'Adam, soûmet aujourd'hui les premiers, & soûmit autrefois les derniers à leur propre Chef, dans tout ce qui se rapporte à leur état, & à leur génie particulier ; lequel, en Jesus Christ est céleste, & d'Esprit vivifiant ; en Adam, fut Terrestre, & d'ame vivante, comme parle Saint Paul. 1. Cor. 15.45. & 47.

C'est-là, la premiére raison tirée du rapport des Royaumes du monde à celuy de Jesus Christ, pour la Puissance absoluë, qui est fondée dans un rapport *de proportion ou de ressemblance*, comme nous avons dit ci-dessus. Nous venons maintenant à l'explication de la seconde, qui se tire du rapport que les mêmes Royaumes ont au Royaume de Jesus Christ,

par

par voye *de contrariété, ou de dissemblance.*

Nous difons donc à cet égard, que Dieu qui a eu en vûë le régne & la gloire de Jefus Chrift dans tous fes ouvrages, a auffi voulu que ce régne fut glorieux par deux fortes de vertus, fçavoir la *juftice* & la *clémence* ; & qu'il eût deux fortes de fujets, les uns volontaires, & proprement ainfi appellez, fur qui la clémence s'exerçât, les autres contraints, & ennemis, fur qui la juftice eût lieu d'éclater. *Les élûs* compofent le corps des premiers, & *les réprouvez* celui des autres. Les uns & les autres auront leur confommation dans le fiécle futur ; ceux-là par la felicité célefte, ceux-ci par le malheur éternel des Enfers.

Mais en attendant cette confommation, Dieu les prépare à leur but les uns & les autres par les divers accidens de la vie prefente, & les affujettit aux Puiffances du monde, afin qu'ils éprouvent de leur part les trai-

temens

temens convenables au dessein que
Dieu a formé touchant leur bonheur
& leur misére à venir. Lors que la
méchanceté des réprouvez est donc
parvenuë à un tel degré, qu'il est utile, ou même nécessaire, pour la ma-
nifestation de la justice de Dieu, qu'ils
soient punis dés ce siécle, en attendant les peines de l'autre ; Dieu exerce ses jugemens sur ces miserables, par
le Pouvoir absolu dont il revêt certains Souverains ; & ce Pouvoir, est
un effet de cet ordre de la Providence
qui gouverne justement toutes choses;
& est par là aussi inviolable qu'elle
même, puis qu'il en est le pur instru-
ment ; ce qui prouve invinciblement
nôtre thése. Aussi voyons-nous que
Dieu appelle les Princes, qui exercent ainsi ses jugemens, par un tel
Pouvoir, il les appelle, dis-je, *ses*
serviteurs, ses sanctifiez, ses déléguez,
& commande de *se soûmettre à eux,*
& de reconnoître leur puissance, comme il paroît par une infinité de passages,

ges, d'Esaïe, de Jeremie, d'Ezechiel, & des autres Prophetes.

Quant aux élûs, à qui Dieu prépare la gloire du Ciel ; les mêmes Princes, servent encore d'instrumens à la sagesse de Dieu, pour produire cet excellent bien, entant que les afflictions, & les croix de cette vie, détachent les gens de bien de ce monde, & élevent leurs cœurs vers Dieu, & vers Jesus Christ, comme nous l'avons ci-devant expliqué, dans le Chapitre IV. de cet Ouvrage. Et cela sert de preuve manifeste au droit du Pouvoir absolu ; puis que ceux qui en sentent la rigueur à cet égard, en sentent aussi le fruit, & ne sçauroient avoir seulement la pensée d'y résister, sans se rendre indignes du soin paternel que Dieu montre avoir par là de leur salut ; & sans se rebeller contre sa puissance & sa sagesse, qui se sert de cette sorte de moyens pour les amener au bonheur.

Suit la troisiéme raison pour le Pou-

voir

voir absolu , tirée de cette cause de l'origine des Puissances qui regarde *la nécessité de la subsistance du genre humain.* Or nous avons déja insinué cette raison dés l'entrée du II. Chapitre, & nous l'avons en suite expliquée, & établie vers la fin du Chapitre V. tellement qu'il n'est pas nécessaire de s'y arrêter ici. Nous allons seulement l'abreger , & la réduire en sommaire, afin que sa forme soit plus sensible.

Nous disons donc, que le Pouvoir absolu a le même usage à l'égard des Peuples fort corrompus, & fort impatiens du joug, qu'a le Pouvoir simple, ou tempéré, à l'égard des hommes simplement corrompus, & médiocrement méchans. Car comme la Puissance Politique en général, est devenuë nécessaire par le péché, aussi la Puissance absoluë en particulier est renduë nécessaire par le grand péché. Et comme ceux qui ôtent l'ordre des Magistrats du monde, y introduisent la confusion & le trouble, & ruïnent

le

le genre humain ; ceux auſſi qui ôtent le Pouvoir abſolu de certains Etats, en renverſent entiérement la Société, & en ôtent la ſubſiſtance. Le Pouvoir abſolu eſt donc auſſi légitime & auſſi inviolable, aux lieux où il eſt établi ; que la ſageſſe de Dieu, qui étreint par lui les liens d'une Société autrement impoſſible à conſerver, eſt inviolable elle-même ; & que la ſubſiſtance du Peuple, ſur qui ce Pouvoir s'exerce, eſt préférable à l'intéreſt de tous les Particuliers que la rigueur de ce Pouvoir bleſſe.

La quatriéme raiſon tirée de l'origine des Puiſſances, eſt fondée, ſur *la vocation immédiate de Dieu, accomplie pourtant par le miniſtére des hommes, & ainſi conſidérée hors des vûës* attribuées préciſément à Dieu ſeul. Or cette raiſon, a encore été ci-devant expliquée & établie dans le Chapitre III. par les paroles tirées du Chapitre VIII. & du Chapitre X. du I. Livre de Samuël. Car lors que

 Dieu

Dieu a procédé extraordinairement dans l'établissement des Puissances, il a aussi, à même temps expliqué & déclaré le droit que ces Puissances devoient exercer ; & cette déclaration est amplement contenuë dans ces passages de la Sainte Ecriture, dont nous venons de parler. Même les Chapitres III. & IV. tout entiers de cet Ouvrage, sont uniquement employez à prouver, par la Parole de Dieu, le Pouvoir dont nous traitons. Ainsi, il ne faut que lire ces Chapitres, pour comprendre, que l'origine des Puissances rapportée à la vocation immédiate & extraordinaire de Dieu, fonde le Pouvoir absolu ; Nous n'insisterons donc pas sur cette raison, en cet endroit, non plus que sur la précédente.

La cinquiéme raison est tirée, de *l'origine des Puissances rapportée aux armes* ; c'est à dire, à la force de la guerre ; par laquelle les Conquérans assujettissent les Peuples, & les réduisent

fent fous leur domination ; leur laif-
fant la vie, & la jouïffance de leurs
biens, aprés les avoir vaincus, fous
les conditions de cette fujettion, &
de cette dépendance, qui reconnoiffent
le Pouvoir des victorieux.

Or cette raifon eft d'autant plus
confidérable, que non feulement elle
a en elle-même toute la force imaginable, fur le fujet dont il s'agit, mais
elle inflûë même, par maniere de dire, cette force dans les raifons fuivan-
tes, ou pour le moins dans la plûpart
d'elles; parce qu'elles ont quelque rapport à celle-ci.

En effet, la conquête par les armes, eft la premiére voye de l'établiffement des Empires, felon l'Ecriture
Sainte ; car cette facrée Parole dit,
que Nimrod, commença à être puiffant fur la terre, & que Babel fut le
Siége de fon Empire, & qu'il fut appellé le *puiſſant Chaſſeur*, c'eft à dire, le *grand Conquérant*, & le *vail-
lant Guerrier.* Les Hiftoires profanes,

& l'expérience de tous les siécles, nous atteftent la même chofe. Car les grandes Monarchies des Affiriens, des Caldéens, des Perfes, des Grecs, & des Romains, fe font formées par la guerre. Et aujourd'hui encore, les Tartares, le grand Mogol, l'Empereur Turc, & plufieurs autres puiffans Monarques, tiennent uniquement de l'épée leur domination, fi nous remontons à la fource.

Et certes il eft mal-aifé de concevoir, que les hommes, qui font d'autant plus fiers, & moins capables de s'affujettir, qu'ils font plus méchans, ayent commencé d'obéïr aux Puiffances, par une autre raifon que par celle de la néceffité qu'impofe la force. De forte que, s'ils ont choifi des Princes, s'ils ont confenti à la fucceffion héréditaire du Pouvoir, s'ils ont volontairement obéï, cela n'a été qu'en vûë, du mal plus grand de cette force abfoluë, ou de quelqu'autre mal pareil, qu'ils ont prétendu éviter par là. Voi-

Voilà pourquoi nous difons, que cette raifon, tirée de *la force*, influë dans les autres, & y a une partie de l'efficace.

Or quoi qu'il en foit, pour ce regard ; il eft pour le moins certain, qu'à l'égard de ces Puiffances, dont l'établiffement dépend des armes, le Pouvoir abfolu ne fçauroit être contefté. Car c'eft dans la guerre que les premiers efclaves ont été faits ; & la vie confervée aux vaincus, par ceux qui avoient droit de les tuer, a donné lieu à cette forte de droit des gens, qui attribuë la puiffance de la vie & de la mort aux maîtres fur leurs efclaves. Les Peuples affujettis par les armes, & foûmis par pure force, n'ont d'autre loy que la volonté du Vainqueur, & par conféquent ne peuvent réfifter de droit à une Autorité, que le Pouvoir de faire mourir & de faire vivre rend illimitée.

Il eft vray que l'on pourroit ici excepter, que comme le Conquérant

 s'eft

s'est rendu maître par force, n'ayant auparavant aucun droit sur les vaincus; il semble aussi qu'à la pareille, si les vaincus peuvent en se rebellant vaincre à leur tour, & se mettre en liberté, ils auront droit de le faire ; & que même leur droit, sera plus légitime que celui du Conquérant ; puis que l'amour de la liberté, que l'égalité naturelle autorisée, en sera le fondement ; au lieu que l'ambition seule, qui est injuste de sa nature, a porté le Conquérant à la guerre qu'il a premiérement faite.

Mais cette raison n'a aucune force, envers ceux que la foy, & la conscience envers Dieu conduisent. Parce que ceux qui assujettissent les Peuples par les armes, & qui ont la puissance de les détruire entiérement lors qu'ils les ont vaincus par pure force, ne leur donnent la vie, & ne les conservent, que sous cette condition de dominer sur eux ; & les Peuples, à qui la vie est plus chére que tout le reste, se soû-

mettent

mettent à cette condition, & s'engagent à l'obéïssance. De sorte qu'il ne leur est plus libre de reprendre leur liberté, quand ils le pourroient en se rebellant, parce que leur foy, & leur promesse, y sont engagées. Et la force du Victorieux, qui les a contraints à cette promesse, ne les dispense point de la tenir, puis que l'on convient, que la foy doit être gardée, même au dommage de ceux qui la donnent ; & que la vie conservée par le Vainqueur sous cette promesse du Vaincu, est un bénéfice, qui lie la conscience du promettant, malgré la contrainte où il est, lors qu'il promet.

Et de fait, la foy étant une chose qui regarde directement la conscience, & qui oblige par la crainte de Dieu, lequel intervient comme témoins dans le serment ; l'on ne peut être dispensé de la garder, que lors qu'elle blesse l'intérest de Dieu même, & qu'on la donne contre des choses que la conscience défend. Car on ne peut pas

crain-

craindre Dieu pour le deshonorer ; ni
être religieux à observer le serment
fait en son nom, en des choses où son
nom sera méprisé, & flêtri, si l'on accomplit le serment : mais en toute
autre chose, & en tout intérest de la
créature, il faut, ou tenir ce qu'on a
promis, puis qu'on intéresse Dieu en
promettant ; ou ne promettre point
du tout ; préferant le mal present dont
on est menacé, au bien à venir, par le
leurre duquel on veut engager la foy.
Ainsi l'obéïssance promise aux Conquérans par les vaincus, engage à une
fidélité inviolable, quoy que la promesse ait été comme forcée ; parce
que la chose promise, ne regarde que
l'intérest temporel du promettant ; &
la promesse est même suivie d'un bien,
qui ne s'obtiendroit pas sans elle : Au
lieu que la violation de cette promesse
regarde le bien spirituel de la conscience ; & celui qui jureroit de garder la foy en ce cas-là, avec la réserve de se rebeller quand il le pourroit,

celui-là, dis-je, prendroit Dieu à témoin dans une fourbe, & fe rendroit
par là inexcufable.

Aufſi voyons-nous dans l'Ecriture,
que tous les fermens, faits folemnel-
lement au nom de Dieu, quoy que
contre l'intéreſt temporel de ceux qui
les ont faits, & quoy que faits par
crainte, ou par furprife ; tous ces fermens, dis-je, font jugez inviolables :
& le mépris que l'on en fait eſt fuivi
de juſtes peines de la part de Dieu.
Témoins les Gabaonites, le vœu de
Jephthé, le ferment de Sedecias en faveur de Nebucadnetſar, & d'autres
femblables.

La fixiéme raifon eſt fondée fur *la
Puiſſance ufurpée par rufe.* Il eſt certain que s'il y a lieu à la rebellion,
ce doit être en cette rencontre : car la
rufe étant injuſte d'elle-même, &
ceux qu'elle furprend n'ayant rien
moins dans la penfée que de faire, ou
de fouffrir, ce qui en réfulte : il femble par là, que les perſonnes trom-
pées,

pées, ont toûjours le droit de revenir
au premier état, que la ruse leur a fait
perdre. Si donc nonobstant cette apparente équité, on est obligé en conscience de se soûmettre à la Puissance
absoluë, & d'en supporter le joug ; il
ne reste plus, sans doute, d'exception
tant soit peu plausible, contre cette
Puissance.

Or il est aisé de prouver, que l'u-
surpation de la Puissance faite par ruse,
ne dispense nullement de l'obéissance
ceux qui y ont été une fois assujettis.
Car 1. Dieu le déclare ainsi formellement en sa parole, commandant par
Jeremie, à Sedecias, & au Peuple de
Juda, de se rendre au Roy de Babilone ; & menaçant de ruïne ceux qui ne
le feront pas; & disant cependant par
Esaie ch. 52. que ce Peuple *a été ven-
du pour néant*, qu'il *a été trompé par
Assur*, & qu'*il a été surpris*. 2. Ceux
qui sçavent les moyens que les Conquérans mettent en pratique, ne sçauroient disconvenir, que l'*adresse* n'ait

pour

pour le moins autant de part à leurs conquêtes que la *force* ; Et ainſi puiſque leur Pouvoir a été ci-deſſus reconnu légitime, l'exception tirée de l'uſurpation de la Puiſſance par la ruſe, ne peut avoir de lieu.

Auſſi eſt-ce une maxime communément reçûë. *Dolus an virtus quis in hoſte requirat ?* ou ſi l'on aime mieux, *ſi violandum eſt jus, regnandi gratiâ violandum eſt.* 3. La maniére d'aſſujettir par vive force, & de prendre ſur le foible, ne paroît pas au fonds en elle-même plus légitime que celle de la ruſe ; & l'une a auſſi peu de fondement dans le droit que l'autre. Au contraire la ruſe a cet avantage, que comme elle procéde de l'eſprit, il ſemble que l'autorité, & le droit de dominer, qui eſt un avantage ſpirituel & humain, a plus de liaiſon avec elle, qu'avec la ſimple force qui ſe trouve commune à l'homme & aux bêtes. Si l'on ne peut donc avec juſtice, refuſer de ſe ſoûmettre à la Puiſſance forcée, pourquoi auroit-on on droit de se soustraire à celle que la finesse a établie?

Quelques-uns diront ici, peut-être, que les Protestans, qui prétendent que l'autorité du Pape vient uniquement de cette source, ont donc eu tort de s'en soustraire, & ont tort encore de la contester. Et que par la raison alleguée, ils devoient obéïr toûjours au Pape pour le moins comme à un Prince temporel, s'ils ne vouloient pas reconnoître sa Puissance spirituelle & religieuse.

Mais il ne faut que se souvenir, & de l'état de nôtre question touchant le Pouvoir absolu, & des prétentions du Pape, pour justifier les Protestans en cet endroit. Car dans l'explication de l'état de nôtre question nous avons expressément dit, que les seules choses de cette vie tomboient sous le Pouvoir des Princes, & qu'on avoit droit de leur desobéïr, lorsqu'ils vouloient blesser la conscience par l'exercice de leur autorité. Or le Pape s'attribuë

pré-

précisément un droit fur la confcience, & veut dominer fur la Religion de fes fujets, ce qui rend légitime la defobéïffance de ceux à qui Dieu a fait connoître la verité.

Que fi l'on infifte, fur ce que nous avons dit ci-devant, qu'en defobéïffant aux Princes, dans ce qui touche directement la confcience, il faut le faire encore avec refpect, fans rebellion, & d'une maniere qui marque qu'on a en vûë d'obéïr à Dieu, plûtôt que de defobéïr à la Puiffance temporelle. D'où il femble qu'on peut inférer, que les Proteftans devoient garder toutes ces mefures de refpect envers le Pape; & fe féparant de lui *négativement*, comme on parle, c'eft à dire, par le fimple refus de fuivre fa Religion entant qu'elle femble mauvaife; éviter la féparation *pofitive*; qui confifte dans la rebellion publique, & dans l'élevation d'autel contre autel.

Nous répondons à cela, que cette inftance, 1. eft nulle en elle-même. 2.

Que les Protestans ne l'ont pas même violée. *L'instance est nulle en elle-même* en ce que le respect avec lequel on doit desobéïr aux Princes du monde est fondé sur l'autorité légitime qu'ils ont quant au temporel, au lieu que selon les Protestans le Pape n'a aucune autorité légitime qui le doive rendre l'objet du respect, le fondement sur lequel il appuye toute son autorité, étant la plus forte raison de l'aversion que les Protestans ont pour lui, sçavoir la prétenduë succession à la Chaire de Saint Pierre, & son imaginaire infaillibilité. Et il ne faut point excepter de cela qu'il est aussi Prince temporel de l'état appellé *de l'Eglise*, & de ce qu'il fait nommer le *Patrimoine de Saint Pierre* : Parce que sa Puissance temporelle même étant dérivée de l'opinion de la spirituelle, & incompatible avec elle selon l'Evangile ; elle est détruite de droit, par le renversement de l'autre. Et quand elle dévroit être reconnuë, pour le moins ne s'étendroit-elle

elle que sur ceux qui demeurent dans cet état appellé *l'état de l'Eglise* dans l'Italie, & elle ne regarderoit nullement les Protestans.

Mais quand l'instance ne seroit pas renduë nulle par ces reflexions ; nous disons en second lieu, que les Protestans *ne l'ont pas même violée.* Car ceux qui sçavent l'Histoire de la Réformation, ne peuvent disconvenir, que le Pape n'ait été Auteur du Schifme extérieur, & *positif* (pour me servir du terme des adversaires) par ses excommunications, & par ses violentes voyes de fait contre les Protestans ; aussi bien que du Schifme intérieur & *négatif*, par sa mauvaise doctrine. En effet, Luther, qui commença la Réformation, ne se sépara que par force ; & la Providence ménagea si admirablement ses démarches, qu'elle le porta à promettre même d'abord de *se faire entiérement*, si ses adversaires vouloient en faire autant de leur côté. Pour montrer par là, que ce n'étoit

pas

pas le conseil de l'homme qui mouvoit ces grands ressorts, mais que c'étoit Dieu immédiatement qui devoit yêtre considéré. Dans la suite, les Arrêts Impériaux ; les prescriptions, la guerre, le sang, & le feu enfin, furent employez contre les Protestans par les Partisans du Pape ; & l'on peut dire avec verité, que les Protestans ont moins abandonné extérieurement l'Eglise Papale, que le Pape ne les en a chassez ; ce qui suffiroit pour leur défense sur le Schisme positif, quand d'ailleurs les raisons n'en seroient pas justifiées par une infinité d'autres moyens, que les Docteurs Protestans ont solidement établis ; & entr'autres M. Claude dans son Ouvrage intitulé, *La Défense de la Réformation*.

La septiéme raison pour le Pouvoir absolu, tirée de l'origine des Puissances, est fondée sur *la libre élection* des Princes faite par les Peuples mêmes. Or cette raison doit paroître invincible & sans replique, en vûë des deux pré-

précédentes. Car si l'autorité, ou envahie, ou surprise, doit être inviolable ; quel prétexte rendra violable, celle qui a été volontairement donnée, & que le mérite de ceux qui dominent a fait déférer ? Si un grand Philosophe a dit avec justice, que s'il se trouvoit un homme au monde, qui eût plus de mérite que tous les autres, il seroit de droit leur Prince : que pourroit-on oposer à l'autorité de ceux qui, s'ils n'ont pas en effet toûjours le plus de mérite, sont pourtant présumez l'avoir, par le choix que l'on fait d'eux pour dominer ? & comment leur ôteroit-on légitimement, ce qu'on leur a légitimement conféré ?

Je sçay bien que l'on peut alléguer ici ; Que les Puissances électives sont les plus éloignées du Pouvoir absolu ; que ceux qui les établissent, ne le font que sous de certaines conditions, qui les brident, & les réglent : & que quand de tels Princes élûs veulent passer le Pouvoir qu'on leur a donné,

on

on le croit bien fondé de s'opposer à eux, & de retenir leur Puissance dans ses limites.

Mais tout cela ne fait rien contre nos principes, parce que nous ne raisonnons pas sur le pied de ce qui se fait ou même de ce qui se doit faire, envers les Princes qui dominent selon le droit tempéré, & à qui ce droit, que nous appellons absolu, n'a pas encore été permis. Au contraire, nous disons librement, que ceux là font bien, qui jouïssent de leur liberté, & qui la maintiennent même, sans la laisser asservir ; pourvû que la Providence ne se déclare pas contr'eux par des événemens, que la seule sédition peut empêcher. Mais si la Puissance est déja réduite à cet absolu Pouvoir, dont nous parlons : ou si l'état des choses y tend si nécessairement, que la seule sédition (qui est le plus grand & le plus injuste de tous les maux temporels) le puisse empêcher ; nous disons que le doigt de Dieu doit être reconnu : que c'est résister

ster à Dieu que de résister en ces cas là; & que la libre election de la Puissance, ne doit point être un obstacle à la soûmission qu'on lui rend en cette rencontre; parce que l'injustice du Prince qui viole les conditions sous lesquelles on l'a élû est renduë l'objet du respect, par la déclaration que Dieu fait de sa propre volonté, dans la nécessité qu'il impose de se soûmettre. Car la conjoncture nécessaire & contraignante des causes secondes, n'est pas moins un oracle du Ciel, que la révélation immédiate : & moins même l'intention des hommes y a de part, plus la Providence se l'attribuë : comme il paroît par Genes. 24. 50. dans l'histoire du mariage de Rebeca avec Isaac; par Exod. 21. 13. dans la loy du meurtre involontaire ; par l'histoire de la rebellion des dix Tributs d'Israël contre Roboam II. Rois 12. 15. & par un grand nombre de passages semblables. Et certes la raison de cela est trés-évidente. Car les causes se connoissent par

leurs

leurs effets ; & lors que les instrumens
agissant selon leur force naturelle, produisent, ou le contraire de ce que leur
vertu promettoit, ou pour le moins
quelque chose de fort different de ce
que l'on en devoit attendre ; alors, il
est visible, que la cause principale a
déployé sa puissance particuliére, & a
réduit ses instrumens à la nécessité de
servir à ses propres desseins contre leur
inclination ; ce qui donne juste sujet
de lui attribuer l'événement qui résulte, comme en propre ; sans faire aucune attention aux instrumens mêmes.
Ainsi, plus la Puissance élective se
rend insupportable, en usurpant le
Pouvoir absolu ; plus elle surprend,
ou trompe ceux qui l'ont élûë ; plus
elle viole les loix, sous lesquelles elle
avoit été établie ; & plus la Providen-
se déclare hautement, contre les Peuples, si elle revêt cette Puissance d'u-
ne force qu'on ne puisse arrêter, ni
empêcher, sans sédition. Voilà pourquoy nous disons, qu'il faut mettre la
main

main fur la bouche en ce cas-là ; & fe
foûmettre à Dieu, par la foûmiſſion à
cette Puiſſance.

La huitiéme raifon eſt tirée de *la
néceſſité que forme la crainte d'un joug
étranger.* C'eſt ainſi que le Roi Achas,
tâcha de fe fortifier contre Pekach Roi
d'Iſraël, & contre Retſin Roi de Sy-
rie, par le fecours du Roi des Aſſiriens.
Et que Sedecias implora l'aſſiſtance de
l'Egypte, pour fe fouſtraire à l'Empire
du Roi de Babylone. Les Hiſtoires
profanes font pleines d'exemples de
cette forte ; & peu s'en falut que la
France n'en donnât un au ſiécle paſſé,
par le zéle du Roi d'Eſpagne, & par
celui de *la Ligue*, qu'on appelloit,
fainte.

La force de cette raifon fe réduit à
ceci. Lors que quelque Peuple qui fe
gouverne par des loix douces & com-
modes, void venir fondre fur lui quelque puiſſant Ennemi, à qui l'ambition donne l'envie de l'aſſujettir ; ſi ce
Peuple fe croit trop foible par lui-mê-

K

me

me pour resister à l'effort de celui qui
le va attaquer ; le desir d'éviter le joug
dont il est menacé, le porte à chercher
du secours chez quelque Prince voi-
sin, & à se soûmettre volontairement
à son Autorité, s'il ne peut être secou-
ru qu'à cette condition ; la crainte de
l'Ennemi qui vient contre lui à main
armée lui faisant préferer le joug volontaire, au joug forcé ; & lui faisant
espérer une servitude moins fâcheuse
sous le Prince à qui il se donne, que
sous celui qui le veut réduire. A peu
prés comme ceux qui se jettent dans
l'eau, pour éviter le feu ; ou comme
ceux qui s'abstiennent de manger, &
meurent de faim, pour n'être pas em-
poisonnez. Car le péril plus pressant,
fait toûjours estimer moindre celui où
le mal est differé de quelques mo-
mens, quoy que bien souvent celui-
ci ne soit, ni moins grand, ni moins
certain.

Nous disons donc que s'il arrive
que ce *Peuple*, qui s'est ainsi volon-
taire-

tairement affujetti à un Prince, par la crainte d'un autre, foit réduit par là à fouffrir la pefanteur du joug qu'impofe le Pouvoir abfolu ; on ne fçauroit nier, qu'il n'y foit obligé en confcience, & que fa rebellion contre un tel Pouvoir ne fût un crime, digne des derniéres peines. Car puis que le defefpoir, & la derniére crainte, l'ont porté à fe faire un Maître ; il eft évident que la fubfiftance qu'il a fous ce Maître, & l'exemption qu'il obtient du joug qu'il a voulu éviter, par celui auquel il s'eft foûmis, lui tient lieu de bénéfice, quelque fâcheux que puiffe être ce joug volontairement reçû. De forte qu'il ne peut avoir la penfée de le fecoüer, fans devenir perfide, fans fe rendre ingrat, & fans être coupable des crimes les plus atroces.

Il ne paroît pas de replique à cette huitiéme raifon, & elle a fur la plûpart des précédentes, l'avantage de l'évidence, comme elle a la force commune avec elles.

La

La neuviéme, qui ſe tire de *la crainte de l'anarchie*, ou de *la néceſſité que la jalouſie, & l'égalité impoſent*, eſt celle qui fonde tous les raiſonnemens Politiques du célébre Anglois Hobbes, & qui a ſervi auſſi de fondement à la troiſiéme raiſon ci-deſſus alléguée : Voilà pourquoy nous ne nous arrêterons point ici à l'expliquer, ni à l'établir, cela ayant déja été fait ci-devant ; & les Curieux pouvant la voir dans tout ſon jour, & ſelon toute ſon étenduë *dans les Principes de la Politique d'Hobbes.*

Tout ce que nous avons à dire maintenant ſur ce ſujet, pour ne pas donner lieu de penſer que les ſentimens exceſſifs d'Hobbes ſoient à nôtre goût ; c'eſt, que le Lecteur ait la bonté de ſe ſouvenir, qu'Hobbes veut perſuader comme juſte, raiſonnable, & naturel ; ce que nous déclarons devoir ſeulement être ſouffert, par un principe de conſcience envers Dieu, comme un châtiment du Ciel, &

comme

comme un remede extrême à la licence debordée des méchans hommes.
Car par cette seule distinction, nous
renversons tous ces effroyables Principes d'Hobbes , qui travestissent
l'homme en bête ; qui le rendent ennemi de toute Societé ; & qui par, une
méthode contraire à toutes les autres
Politiques, ne donnent des Magistrats,
que pour la vie animale, & nullement
pour la morale.

En effet, il est trés-faux que l'homme ne soit pas un animal sociable de
sa nature ; il est trés-faux qu'il n'aime
que soi-même ; il est trés-faux que la
force soit la loy des actions, &c. mais
il est vray pourtant, que la malice de
la plûpart des hommes ruïne la Société ; que la plûpart n'ont en vûë que
leur intérest ; & que plusieurs ne bor-
neroient leurs attentats, que par leur
impuissance, si de plus puissans qu'eux
ne les forçoient de se contenir. Ainsi,
selon *le fait*, & quant aux événemens,
le péché des hommes autorise les

 Prin-

Principes d'Hobbes ; ce qui ne signifie sinon, que ces Principes sont véritables parmi les gens abominables, &
du tout vendus sous le péché, comme
parle l'Ecriture. Mais selon *le droit*,
& quant à la justice, ces mêmes Principes sont aussi abominables, que ceux
qui les ont rendus véritables, ou nécessaires ; & la vraye Politique doit
déployer sa force , & ses lumiéres à
rendre les hommes doux, sociables,
& unis par leurs volontez , & par leur
raison ; & non pas à les retenir simplement comme des bêtes farouches,
par les liens d'une force majeure, ou
d'une nécessité d'amour propre, sans
laquelle on veut qu'ils dûssent s'écha-
per incessamment.

Reste nôtre dixiéme raison tirée de
la Puissance héréditaire, c'est à dire, du
droit des Princes qui succédent à l'autorité de leurs Prédécesseurs en qualité
d'Héritiers ; & de qui le Pouvoir par
conséquent, est considéré, comme un
bien , que la proximité du sang leur
donne.   Or

Or il n'eſt pas néceſſaire d'appuyer beaucoup ſur cette raiſon , pour en faire connoître la force, & l'évidence. Car, qui peut nier qu'un homme ne ſoit maître de ſon bien ; & que l'on ne commît la derniére injuſtice , en lui ôtant ce que le droit de la ſucceſſion naturelle lui a acquis ? Je veux qu'il en abuſe, qu'il le diſſipe en folles dépenſes, qu'il le prodigue, qu'il le perde au jeu ; tout cela empêche-t-il qu'il n'en ſoit le maître ? & quelqu'un de ſes voiſins, entreprendra-t-il de le lui ravir, ſous quelqu'un de ces prétextes-là ? Diſons-en autant du Prince qui abuſe de ſon Pouvoir, & à qui ce Pouvoir eſt dévolu par ſucceſſion héréditaire , y a-t-il aucun à qui ſon droit, ne ſoit évident par là ? & la Puiſſance publique ſera-t-elle plus légitimement ôtée, à celui de qui elle eſt le bien , ou l'héritage ; que les poſſeſſions, les champs, les vignes, l'argent aux particuliers qui en uſent mal ?

K 4 On

On dira peut-être ici. 1. Que l'abus des biens particuliers ne fait pas les mêmes conſéquences, que celui de de l'autorité publique ; & que celui qui les ménage mal, ne nuit, ou qu'à ſoi-même, ou tout au plus qu'à ſa famille ; au lieu que l'abus de la Puiſſance deſole des Peuples tout entiers. On peut dire auſſi. 2. Que les Magiſtrats, ont même égard aux prodigues & qu'on leur donne des curateurs ou l'on arrête leur mauvaiſe conduite par d'autres voyes, afin que leurs familles ne ſoient pas deſolées : ce qui ſemble autoriſer la réſiſtance faite aux Princes, lorſque l'abus de leur Pouvoir deſole leurs Peuples. Mais, & l'une & l'autre des exceptions, ſert à nôtre théſe, bien loin de la détruire.

Car quant à la premiére, il eſt évident, qu'il y a même proportion de l'intéreſt d'une famille à ſon Chef, que de l'intéreſt d'un Etat à ſon Prince. Tellement que ſi la deſolation de la famille n'ôte point au Chef le pou-

voir

voir d'abuſer de ſon bien , nous ne voyons pas comment la deſolation de l'Etat fera perdre au Prince le Pouvoir abſolu dont il abuſe.

Pour ce qui eſt de la ſeconde exception, elle prouve ſeulement ce que nous avons auſſi dit ci-devant dans nôtre ſecond Chapitre, c'eſt à dire, que Dieu qui eſt le Magiſtrat des Rois & des Princes , peut les punir de leurs crimes, & leur faire perdre leur Puiſſance , comme il punit la maiſon de Jeroboam, par Bahaſſa ; celle de Bahaſſa, par Zimri ; celle d'Achab, par Jehu ; celle de Jehu , par Sallum, &c. Mais bien loin de prouver que les Peuples mêmes puiſſent ſe rebeller, elle établit manifeſtement le contraire. Car, comme le Chef de famille, qui abuſe de ſes biens, peut véritablement être privé de ſon pouvoir par ſon Magiſtrat ; mais on n'a jamais ouï dire, qu'il pût en être privé par le complot de ſes enfans, ou par les menées de ſa femme, quoy que ce ſoit elle,

K 5

ou

ou eux qui ont intéreſt à la conſervation des biens : n'eſt-il pas clair tout
de même, que Dieu peut bien dépo-
ſer les Rois, & les dépoüiller de leurs
Empires ; mais que les Peuples, qui
ont intéreſt au Gouvernement de l'E-
tat qu'ils compoſent, ne peuvent en
aucune maniére y contribuer ſans
crime?

L'exemple de la rebellion des dix
Tribus d'Iſraël , contre Roboam,
fils de Salomon, eſt admirable ſur ce
ſujet ; auſſi l'avons-nous déja allégué,
dans nôtre III. Chapitre, pour ſervir
de preuve à nôtre théſe ; mais il mérite d'être étendu & expliqué en cet
endroit, puis qu'il fait ſauter aux yeux,
par maniére de dire, ce que nôtre rai-
ſonnement vient de preſenter à l'eſprit.

Il faut donc ſoigneuſement remarquer, que la famille de David avoit
été appellée au Trône d'Iſraël par
l'ordre exprés de Dieu. Que David,
& Salomon avoient régné ſur tout ce

Peuple, avec éclat, & avec gloire, en conſequence de cet ordre Divin. Que l'idolatrie de Salomon avoit obligé Dieu pourtant, de lui faire prédire par le Prophete Ahija, qu'aprés ſa mort le Royaume ſeroit dechiré, & que la plus grande partie ſeroit ôtée à ſon Succeſſeur. Que Jeroboam fils de Nebat, à qui les dix Tribus rebelles devoient obéïr, avoit été averti par ce même Prophete, de la volonté que Dieu avoit de le faire Roy de ces dix Tribus. Que pour faire réüſſir cette volonté, Dieu avoit procuré, que Roboam mal-traitât le Peuple, qui lui demandoit du ſoulagement ; & le menaçât d'un joug plus peſant encore. Qu'en ſuite de cette menace, & de ce rude traitement, les dix Tribus ſe rebellerent, ſe ſoûmirent à Jeroboam, & accomplirent par ce moyen la prédiction Divine : Voilà pourquoy Dieu même fit dire à ceux de Juda & de Benjamin, qui ſe préparoient à la guerre contre les dix Tribus révol-

tées,

tées, par le commandement de Roboam, pour tâcher de les ramener par force à son obéïssance ; Dieu, dis-je, leur fit dire par le Prophete Scemahia, qu'ils se desistassent de ce dessein ; alléguant que la révolte de ces dix Tribus étoit avenuë par sa volonté, & que l'on se rebelleroit contre lui-même, si l'on leur faisoit la guerre I. Rois 12. 24.

Toutes ces circonstances font voir, que jamais rebellion des sujets contre leur Prince ne fut plus plausible, ni plus légitime en apparence, que celle de ces dix Tribus ; puis que Dieu l'avoit prédite ; qu'elle arrivoit par l'injuste rigueur du Prince ; & que Dieu même défend de punir, ou de forcer par les armes, ceux qui s'étoient rebellez. Cependant, cette rebellion est par tout imputée à crime aux dix Tribus, dans l'Ecriture ; le droit de la famille de David est representé comme inviolable à leur égard ; & leur transport en Assyrie est attribué,

entre

entre autres choſes, à cette rebellion, comme la juſte punition de ce crime II. Rois 17. 21. Eſaïe 8. 5. 6. II. Chroniques 13. 5. & ſuivans. Aprés cet exemple que peut-on alléguer, qui puiſſe tant ſoit peu juſtifier la rebellion des Peuples contre les Princes? Que peut-on dire qui appuye, ou même qui donne la moindre couleur, à la réſiſtance faite au Pouvoir abſolu, quand bien les Princes à qui Dieu l'a donné en abuſeroient?

Formons donc maintenant, ſans aucune crainte nôtre derniére concluſion, & diſons hardiment, que puiſque l'*Ecriture Sainte en général*, puiſque l'*Evangile en particulier*, puiſque *le fondement du Droit*, puiſque l'*origine des Puiſſances*, puiſque toutes ces choſes, dis-je, plaident pour le Pouvoir abſolu, & pour l'impunité des Princes à l'égard des Peuples ; on ne ſçauroit ſe rebeller contre les Puiſſances, ſans ſe rendre coupable, ſans offenſer Dieu, & ſans ſe rendre digne de la

peine

peine qui suit la rebellion. Ainsi les
Peuples n'ont d'autre droit à l'égard
des Princes, lorsqu'ils desirent quelque soulagement dans leurs charges,
que celui qui se réduit à prier, à sup-
plier, à faire compassion, à s'humilier
à s'amender. Attendant, ou que les
Princes mêmes fléchis par les trés-
humbles requêtes qu'on leur adresse,
dominent avec moins de rigueur; ou
que Dieu seul Prince des Princes les
dépose, par les voyes possibles à sa
Providence, & en décharge les Peuples, sans que la rebellion des Peuples
mêmes y contribuë.

CHAPITRE VII.

*Où il est satisfait aux scrupules de la
conscience.*

JUSQUES ici, nous avons expliqué nôtre sentiment touchant le
Pouvoir absolu des Princes, &

nous

nous l'avons établi par toutes les raisons que nôtre mémoire , & nôtre
méditation nous ont pû fournir. Il
nous reste maintenant de répondre
aux objections que l'on peut former
contre nôtre doctrine ; selon la méthode expliquée au commencement de
cet Ouvrage , qui est conforme aux
loix de la dispute.

Or aprés les distinctions apportées
dans l'établissement de la question , &
aprés les diverses réfléxions que nos
preuves nous ont fait faire , il semble
que l'on ne peut guere nous proposer
de difficultez que le Lecteur ne soit
déja capable de résoudre de lui-même;
car elles semblent toutes résoluës , par
le clair établissement de la vérité.
Néanmoins pour n'oublier rien de ce
que nous pouvons mettre en avant ,
pour la force , & pour l'évidence des
choses contenuës dans ce Traité , nous
allons proposer briévement les principales objections , que nous croyons
que l'on peut opposer à nôtre sentiment;

ment ; & nous tâcherons de les réſoudre d'une maniére, qui nous fait eſpé-
rer, qu'il ne reſtera aucun doute dans
l'eſprit de ceux qui liront nos réponſes,
avec une entiére liberté.

Il y a au monde de deux ſortes
d'hommes, à qui nôtre ſentiment peut
paroître douteux, ou faux. Les *uns*
ſont au monde ſans être du monde,
comme parle Jeſus Chriſt dans le chap.
17. de Saint Jean : les *autres ſont au*
monde & ſont du monde tout enſemble.
Les premiers ſont ceux qui ont principalement en vûë la vie à venir, & qui
rapportent toutes leurs actions à la
bonne conſcience. Les ſeconds ſont
ceux qui ſe bornent à la vie préſente,
& qui réglent tous leurs mouvemens
ſelon ſes intérêts. De cette diſtinction
réſultent deux ſortes d'objections,
que l'on peut oppoſer à nôtre Théſe ;
les unes naiſſent des ſcrupules de la
conſcience ; les autres des ſubtilitez
ſuggerées par la Raiſon, & par l'intérêt de la chair. Conſidérons-les ſépa-
rément,

rément, & donnons un chapitre à chaque genre.

Pour commencer donc par les fcru-
pules de la confcience. Nous difons
que le Pouvoir abfolu des Princes
femble être détruit. 1. Par les paroles
expreffes de l'Ecriture fur le devoir
des Magiftrats. 2. Par les exemples de
la punition des mauvais Princes 3.
Par les exemples de rebellion contre
eux, qui font approuvez de Dieu. 4.
Par le fentiment général des Proteftans, dans les guerres faites pour la
Religion : & 5. Enfin par diverfes
raifons tirées de la nature du Droit,
& de la Juftice. Il faut établir, expliquer, & examiner diftinctement ces
cinq différentes claffes d'argumens;
& répondre à chacune à mefure que
leur force aura été connuë, & com-
prife.

Premiérement donc il eft certain,
que l'Ecriture recommande par tout
la juftice, & l'équité aux Princes ;
qu'elle leur défend de s'élever or-
gueil-

gueilleusement sur leurs sujets ; qu'elle ne veut pas même qu'ils faissent amas de tresors, de chevaux, d'armes, & d'autres telles choses, afin de régner par force, plûtôt que par amour; qu'elle taxe avec vehemence, & avec menaces, les Princes qui violent ces régles; & leur dénonce les jugemens de Dieu. On peut consulter là-dessus, Deuteron. 17. vers. 16. & suivans Proverb. 8. 15. 16. & 16. 13. & 20. 8. 28. & 25. 4. & 29. 4. 12. 14. & 31. 5. Et un grand nombre d'autres passages de cette sorte.

Or cela posé, l'on ne semble pas pouvoir concevoir que le Pouvoir absolu soit permis. Car ce Pouvoir ôtant toutes les bornes à la Puissance, n'a garde de compatir avec les loix de justice, & de modération que l'Ecriture lui prescrit. Et pour le moins ne peut-on plus dire que c'est Dieu qui donne un tel Pouvoir, puisqu'il en défend si formellement l'excés par sa parole.

Mais

Mais il eſt aiſé de répondre à cela, ſi l'on retient bien nos principes. Car nous avoüons que le Devoir des Princes eſt de faire juſtice, & de régner par amour. Nous avoüons que Dieu le leur ordonne ainſi, & qu'il punira ceux qui en auront uſé autrement. Mais cela n'empêche pas, que ce ne ſoit Dieu même qui laiſſe prendre aux Princes cet exorbitant Pouvoir dont nous parlons ; & que les Peuples qui y ſont aſſujettis, ne ſoient obligez de le ſouffrir ſans rebellion. Car il y a bien de la différence, entre le droit de Dieu qui eſt Roy des Rois, & le droit des Peuples qui ſont dans la ſujettion par l'ordre de Dieu. Les Peuples n'ont que la gloire de l'obéïſſance à l'égard des Princes ; Dieu a la gloire du commandement, & le droit de la punition. *Un plus haut élevé que ces hauts élevez y prend garde,* comme dit Salomon, Ecclef. 5.7. Cependant *crain Dieu, & le Roy, & ne te mêle point parmi les factieux,* Proverb. 24. 21.

Tout

Tout ce qui peut faire ici quelque peine, c'est que nous soûtenons, que Dieu donne aux Princes absolus leur Pouvoir, & nous ne nions pas cependant qu'il ne le défende, en leur recommandant l'équité & la modération. Mais cette apparente contradiction se résout en deux maniéres. 1. En montrant que le Pouvoir absolu peut compatir avec l'équité & la justice ordinaire. 2. En faisant voir que Dieu peut être dit donner, procurer, & permettre, ce qu'il defend.

Nous disons. 1. Que le Pouvoir absolu peut compatir avec l'équité. Car toutes les fois que les Princes ont des raisons fortes & pressantes, qui les obligent d'user du Pouvoir dont nous traitons, il est certain que ce Pouvoir n'est pas contre l'équité ; & quelque illimité qu'il paroisse, par le degré de sujettion auquel il réduit, & par le principe d'où il part, qui est la volonté seule du Prince, il est pourtant juste & modéré, par la raison nécessaire

qui

qui le fait exercer en de certaines rencontres. Ainſi, ce fut par la force du
Pouvoir abſolu, que David promit à
la femme Tekohite, que celui de ſes
fils, qu'elle feignoit avoir tué l'autre,
ne ſeroit point puni II. Samuël 14. &
cependant David gardoit en cela la régle de l'équité, ayant en vûë d'empêcher l'extinction entiere d'une famille,
& de pardonner à un jeune homme,
dont il croyoit que la repentance fai-
ſoit l'excuſe. En général, qui peut
nier que la grace faite aux criminels
dignes de mort, ne ſoit un effet du
Pouvoir illimité ? cependant , qui
peut nier non plus, que cette ſorte de
grace ne ſe donné avec juſtice par les
ſouverains Magiſtrats ?

Mais nous paſſons plus avant , &
nous ajoûtons , que lors qu'il arrive
que les Princes abuſent même de leur
abſolu Pouvoir, contre toute juſtice
& équité, c'eſt Dieu qui le leur permet, c'eſt Dieu qui leur donne cette
autorité, ou cette puiſſance d'agir ainſi;

ſi ; & la défenſe qui leur en fait par ſa
parole , n'empêche point qu'il n'en
ſoit le diſpenſateur par ſa Providence.
Cela eſt évident & inconteſtable par
tout le Chapitre 10. d'Eſaïe ; où Dieu
déclare qu'il envoye le Roy de Babylone contre les Juifs ; que ce Roy n'eſt
qu'une verge en ſa main , & une ſcie
dont il coupe lui-même , que le bâton
dont il frappera la Judée , ſera ſon indignation propre : & cependant , il dénonce qu'il punira ce Roy , pour avoir
deſolé Jeruſalem ; qu'il lui fera rendre
compte de ſon uſurpation injuſte ; &
qu'il détruira ſon Empire , aprés qu'il
s'en ſera ſervi pour détruire les autres
Etats. Les exemples ci-devant alleguez , de la deſtruction de la maiſon de
Jehu , pour avoir détruit la maiſon
d'Achab ; & de la Captivité des dix
Tribus , pour avoir ſecoüé le joug de
la famille de David , ſont encore plus
forts , & plus précis , que celui du Roi
de Babylone ; car il y paroît un commandement exprés , & une déclaration

tion de Dieu ; & non feulement un ordre fecret de fa Providence ; cependant, l'ambition particuliére y ayant eu part, auffi bien que l'obéïffance ; Dieu en tire la jufte caufe de la punition de fes inftrumens.

Difons donc tout de même fur le fujet du Pouvoir abfolu, que Dieu en defend l'iniquité & l'abus par fa parole ; & qu'il ne manquera pas de punir ceux qui en auront mal ufé, contre fa défenfe. Mais qu'il veut cependant que ceux que cet abus fait fouffrir refpectent l'ordre de fa Providence, & fouffrent patiemment , jufques à ce qu'il juge à propos de jetter les verges au feu, aprés en avoir châtié les Peuples. Et que cette permiffion ou cet ordre fecret de la Providence , qui procure l'abus du Pouvoir abfolu, pour châtier les Peuples ; ne choque point la défenfe que Dieu en fait par fa parole : parce que ces chofes font d'un ordre tout different, & fe rapportent, l'une au droit de Dieu, &

l'autre

l'autre au devoir des hommes, dont l'un ne peut, ni ne doit faire de conséquence contre l'autre. Car la parole de Dieu, est la régle du devoir de l'homme, & non pas celle du devoir de Dieu même. Et au contraire les événemens sont des effets de la Providence de Dieu, & des preuves de sa volonté secrette, & non pas des régles de la conduite des hommes. L'homme péche donc en violant la parole de Dieu, quoy que son péché n'ait pû arriver sans l'ordre & sans la Providence secrette de Dieu, & Dieu ne se contredit point, en procurant secrettement, ce qu'il a défendu publiquement ; parce que sa défense regarde uniquement le devoir de l'homme, & ce qu'il procure regarde le droit qu'il a de gouverner le monde, selon que son infinie sagesse le lui dicte. Car peut-on dire que Dieu en défendant à l'homme de pécher, s'impose la loy à soy-même d'empêcher que l'homme ne péche ? Qui ne voit

que

que cela eſt abſurde ? & que Dieu par ſes loix, ſignifie ſeulement à l'homme, ce qui convient à ſon état, & à ſon devoir ; ſe réſervant toûjours à ſoi-même la liberté de procurer les événemens, ſelon qu'il les juge propres pour démontrer ſa Puiſſance, & ſes autres vertus incomprehenſibles.

En un mot, comme dit Moïſe, Deut. 29. 29. *Les choſes cachées, ſont pour l'Eternel nôtre Dieu. Mais les choſes révélées ſont pour nous, & pour nos enfans, afin que nous faſſions toutes les ordonnances de la loy.* C'eſt à cela que l'homme doit ſe borner ; & en laiſſant faire à Dieu ce qui lui plaît ; faire quant à lui ce qui plaît à Dieu, ſelon la révélation que ce Dieu en a donnée. Car ce ſeroit une choſe bien téméraire, & bien inſolente, que tandis que l'on reconnoît que le pouvoir des hommes peut s'élever, juſques à n'être obligez de dire dans leurs Edits, pour toute raiſon de ce qu'ils y ordonnent, ſinon, *tel eſt nôtre plaiſir* ; on ne voulut pas

L   recon-

reconnoître que Dieu eût le même droit, & le même Pouvoir ; & on s'imaginât le pouvoir controller ſur les événemens que ſa Providence ménage & procure.

La ſeconde claſſe d'objections de conſcience contre le Pouvoir abſolu, ſe tire des exemples de punitions exercées contre les Princes qui ont abuſé de ce Pouvoir. Le fait eſt clair par les hiſtoires de l'Ecriture, & par les paſſages déja citez. La raiſon qui coule de ce fait , paroit invincible. Car comment Dieu puniroit-il les Princes pour avoir fait, ce qu'il auroit lui-même procuré par eux ? ou comment leur a-t-il donné le Pouvoir dont nous parlons, puiſqu'il en punit l'exercice ?

Mais que peut-on oppoſer à ces paroles d'Eſaïe, Chapitre 10. verſ. 5. *Malheur ſur Aſſur la verge de ma colére, encore que le bâton qui eſt dans leur main ſoit mon indignation ?* Et à celles-ci du verſ. 12. *Et il adviendra, que quand le Seigneur aura parachevé*

toute

toute *son œuvre, en la montagne de Sion, & en Jerusalem ; je visiterai la grandeur du cœur du Roy d'Assur, & la gloire de la hauteur de ses yeux ?* On dispute donc contre Esaïe, & contre Dieu même, & non pas contre nous ; en niant que Dieu puisse punir, ce qu'il a lui-même procuré, & fait éxécuter aux hommes.

Au reste le Prophete explique lui-même la difficulté, & en ôte l'absurdité apparente, au vers. 6. du chapitre allegué, & aux suivans ; lorsqu'il déclare que l'intention du Prince, dont Dieu se servira pour affliger son Peuple, sera differente de celle de Dieu même. Que son but sera de s'agrandir, & de s'élever, par la conquête ; au lieu que Dieu n'aura en vûë, que de corriger, & de châtier son Eglise. De sorte que dans une même action, Dieu déployera son équitable justice, & l'homme son ambitieuse & injuste méchanceté. Ce qui rendra la punition de l'homme juste de par Dieu ;

 tan-

tandis que Dieu même agissant par
l'homme ne sera que digne de loüange
& de gloire.

Voici toute la suite du texte du
Prophete, afin que le Lecteur même
en juge. *Malheur sur Assur la verge*
de ma colere, encore que le bâton qui est
dans leur main soit mon indignation.
Je l'envoierai contre la nation hipocri-
te, & je lui donnerai commission contre
le Peuple contre lequel je suis indigné,
afin qu'il enleve les dépoüilles, & qu'il
butine le pillage, & qu'il le foule com-
me la boüe des ruës. Mais lui ne le pen-
sera pas ainsi, & son cœur n'aura pas
cette vûë là ; car son cœur sera à dé-
truire, & il pensera à desoler beaucoup
de nations. Car il dira mes Principaux
ne sont-ils pas comme des Rois ? Calno
n'est-elle pas comme Carcamis ? Ha-
math n'est-elle pas comme Arpad ; &
Samarie n'est-elle pas comme Damas ?
Comme ma main a trouvé les Royau-
mes, dont les faux Dieux, & les ima-
ges taillées valoient plus que ceux de
Jeru-

Jerusalem, & de Samarie; ne ferai-je pas à Jerusalem & à ses idoles, comme j'ay fait à Samarie & à ses faux Dieux. Mais il adviendra que quand l'Eternel aura parachevé tout son ouvrage en la montagne de Sion, & en Jerusalem, Je visiteray (dit l'Eternel) la grandeur du cœur du Roy d'Assur, & la gloire de la hauteur de ses yeux, &c.
Quiconque considerera bien l'enchaînement de ces paroles d'Esaïe, comprendra aisément, & que Dieu agit par les Princes comme par ses instrumens, pour affliger son Eglise; & que cependant il punit en suite ces mêmes Princes, parce que quant à eux ils ont agi par pure ambition, & non pas à dessein de servir Dieu, dans les afflictions qu'ils ont fait sentir.

La troisiéme classe d'argumens, contre le Pouvoir absolu, contient les exemples de Rebellion ausquels l'Ecriture donne son approbation. Comme quand Ahod fit rebeller Israël contre Moab aprés en avoir tué le

 Roy,

Roy , Juges 3. Ou quand Ezechias
se rebella contre les Assiriens II. Rois
18. 7. Ou comme encore les Maccabées se rebellérent contre Antiochus,
selon la prédiction de Daniel , Daniel
11. 32. Car ces exemples , & plusieurs autres semblables, qu'il seroit
superflu d'alléguer , sont autant de
preuves particuliéres contre le Pouvoir absolu , en ce que nous soûtenons, que les Peuples ne peuvent se
rebeller contre leurs Princes pour
quelque occasion , ou pour quelque
cause que ce soit, ce Pouvoir donnant
aux Princes un droit d'impunité entiére quant à leurs sujets. Car puis que
l'Ecriture autorise ces exemples de rebellion, comment peut subsister nôtre
thése ?

A cela nous répondons, qu'il faut
distinguer. 1. Les exemples de rebellion fondez sur l'ordre exprés & immédiat de Dieu, d'avec ceux que la
seule prudence humaine a produits.
Les premiers ont leur autorité de
Dieu

Dieu même, & ainſi ſont entiérement inconteſtables : mais ils ne peuvent faire de juſte exception contre nôtre théſe, parce que les choſes extraordinaires ne font point de loy commune, & nous ne raiſonnons que ſur le droit ordinaire & général. S'il y avoit donc aujourd'hui des gens divinement inſpirez, dont la vocation fût bien avérée, par toutes les preuves, que Dieu, ſelon ſa bonté, a accoûtumé de donner en de tels cas ; & que ces gens reconnus certainement & évidemment pour inſpirez d'en haut, prouvaſſent auſſi que leur commiſſion de par Dieu leur enjoint de faire rebeller les ſujets contre les Princes, pour exercer de juſtes jugemens contre ces Princes-là ; en ce cas-là on ne ſçauroit nier que la rebellion ne fût légitime, puis que Dieu, Roy des Rois, l'ordonneroit. Mais cette miſſion extraordinaire n'a plus de lieu ; les Prophetes ont ceſſé ; Dieu nous a réduits à la révélation de ſa parole compriſe

L 4

dans

dans l'Ecriture ; la rebellion est défen-
duë par tout en cette parole-là ; ainsi
l'on ne peut légitimement opposer à
nôtre sentiment, ces exemples extraordinaires. Or tels sont ceux d'Ahod, &
d'Ezechias ; & plusieurs autres rap-
portez dans l'Histoire de l'Ecriture.

Quant aux exemples produits par
la prudence humaine , & sans ordre
immédiat du Ciel, nous disons qu'il
faut y distinguer. 2. La rebellion causée par la nécessité de maintenir la Religion, d'avec la rebellion rapportée
aux intérêts de la vie presente, & au
bien temporel. Au premier de ces cas,
la rebellion fut légitime sous l'Ancienne Alliance ; & les Maccabées
furent loüables, d'avoir exposé leurs
biens, & leurs vies pour cela : Voilà
pourquoy la Prophetie de Daniel approuve leur action future , & leur
donne le nom de *fidéles, d'avisez, &*
d'intelligens ; tandis qu'elle traite de
méchans , & d'apostats de la sainte
Alliance , ceux qui furent d'un parti
oppofé

opposé au leur. Mais au second cas, il n'y a point du tout d'exemple approuvé par la parole de Dieu ; car au contraire, Dieu ordonne à son Peuple de s'assujettir aux Rois de Babylone, comme je l'ay remarqué ci-devant ; Esdras reconnoît que ce Peuple est serf des Rois de Perse, Esdras 9. 9. Ces Rois y ont en effet dominé, en ont tiré des tributs, y ont envoyé des Gouverneurs ; les Grecs, & les Romains en ont usé de la même maniére en leur temps ; & chacun sçait que la derniére destruction de Jerusalem a eu pour cause civile, la rebellion des Juifs contre les Romains ; quoy que cette rebellion eut été produite par les traitemens les plus violens & les plus tyranniques dont on ait jamais ouï parler.

Et quant à ce que nous avoüons, que l'on pouvoit se rebeller légitimement pour cause de Religion sous l'Ancienne Alliance, & que l'exemple des Maccabées fut loüable pour

 cette

cette raison ; nous disons que cela ne détruit nullement nôtre Thése, parce que nous soûtenons qu'il faut distinguer. 3. les temps , & la Religion des anciens fidéles Juifs ; d'avec les temps, & la Religion des Chrêtiens sous l'Evangile : & nous nions que la rebellion puisse être légitime aujourd'hui pour cause de Religion, quoi que nous reconnoissions qu'elle le fut sous le Judaïsme.

Pour rendre cette distinction évidente, il faut considérer, que sous le Judaïsme, Dieu avoit attaché la Religion à un certain lieu, l'avoit remplie de cérémonies charnelles & extérieures, & avoit comme consacré le Païs de Canaan au bonheur du Peuple qu'il avoit choisi. Il faut considérer aussi, que la raison pourquoy il avoit plû à Dieu dispenser alors de cette maniére les choses de la conscience, c'est que sa sagesse jugeoit à propos de signifier en ce temps-là , les biens spirituels de l'Evangile , par les biens corporels

de

de la Loy ; & de commencer sa révélation par des types, & par des figu-
res, envers un Peuple grossier, & qui
étoit comme dans l'enfance quant à la
Religion, afin de l'amener peu à peu,
& par degrez à la perfection de Christ;
selon la sage méthode que ce Dieu
benin observe dans ses ouvrages, de
les achever insensiblement & *avec le
cours des années*, comme parle Haba-
cuc Chapitre 3. verset 2. Et comme
Saint Paul l'insinuë aussi I. Corinth.
15. 46. Galat. 4. vers. 1. & suivans
jusques au 5. &c.

Ces deux considérations, qui ne
souffrent aucune difficulté parmi tous
les vrais Théologiens, étant reçûës;
nous disons, qu'il est visible que les
Juifs ont pû & dû se rebeller contre
les Princes qui les avoient assujettis,
lorsque ces Princes, non contens de
dominer sur eux, quant au temporel,
ont voulu aussi ruïner leur Religion:
sans que de là il s'ensuive, que les
Chrêtiens puissent ni doivent faire la

 même

même chose, contre les Princes qui voudroient ruïner la Religion Chrêtienne. Car la signification typique du Judaïsme, faisant que les cérémonies, & les choses extérieures, tenoient alors le même lieu, & étoient de la même conséquence, que sont aujourd'hui les choses spirituelles ; les Juifs ne pouvoient laisser ruïner l'extérieur de leur Religion, sans blesser leur conscience. Au lieu qu'au contraire, en cela même qu'aujourd'hui le Christianisme est tout spirituel, & ne dépend nullement quant à son essence ni des temps, ni des lieux, ni des actions sensibles, toute la violence des Princes ne le peut blesser, comme nous l'avons ci-devant montré Chapitre IV. Et par conséquent les Chrêtiens ne peuvent en aucune maniére se rebeller contre leurs Princes pour cause de Religion, non plus que pour aucune autre cause.

Cela paroîtra encore plus indubitable, si nous faisons réflexion sur la diffé-

différente, & même tout à fait contraire procédure que Dieu a tenuë,
dans l'établissement du Judaïsme, &
dans celui du Christianisme ; car le Judaïsme a été établi, par la punition
temporelle de l'Egypte ; par les bé-
néfices charnels du Desert ; par la con-
struction du Tabernacle fait de main ;
par les armes & par les guerres de Canaan : mais le Christianisme a été fondé, par l'obéissance spirituelle de Jesus Christ, par la défaite du Diable ;
par la prédication de la parole ; par les
combats de la patience contre le péché, & contre la puissance du siécle,
&c. Or tout cela montre, que Dieu
procéde dans la Religion Chrêtienne,
tout autrement que dans la Juifve ; que
les maniéres extérieures & temporelles de l'une, répugnent à la nature de
l'autre ; & qu'ainsi la résistance faite
aux Princes par voye de fait pour le
Judaïsme, bien loin d'être imitable
sous le Christianisme, en renverse le
but, & le grand dessein, qui est de
vain-

vaincre le mal par le bien, de gagner l'esprit & le cœur, & de souffrir tout pour Christ, sans attacher sa conscience, ni son salut à aucune chose sensible.

La quatriéme classe d'argumens vient pourtant ici à la traverse, & semble détruire cette distinction par laquelle nous prétendons répondre à la troisiéme classe d'argumens déja prop... Car les guerres de Religion faites, & au siécle passé, & dans celui-ci, par les Protestans, d'Allemagne, de France, de Hongrie, de Piémont, & d'autres lieux encore, ne prouvent-elles pas à toute la terre, que ceux de cette Religion croyent que l'on peut légitimement se rebeller contre les Princes, pour le moins, pour cause de Religion ? Tout autant de guerres donc qu'il y a eu, entre les Protestans & les Catholiques Romains, sur le sujet de la Religion, sont autant d'argumens particuliers qui semblent combattre le Pouvoir absolu des Princes.

Mais

Mais il y a diverſes réponſes à faire à cette quatriéme claſſe d'argumens de conſcience. Car nous diſons. 1. Que la plûpart des guerres dont il eſt ici queſtion, ont été des guerres Politiques, & non pas religieuſes, & ont été entrepriſes, par des Princes Souverains, contre d'autres Souverains, que le prétexte de la Religion armoit, pour envahir les Etats & les droits de leurs voiſins. C'eſt ce qui ne peut être conteſté, ſur le ſujet des guerres d'Allemagne, faites, ou au ſiécle paſſé du temps de Charles-Quint, ou dans ce ſiécle du temps du Roy de Suéde Guſtave Adolphe. Et une partie des guerres de France tombent auſſi ſous ce genre, ſçavoir, celles de Henry Quatriéme contre la Ligue, & celle de 1562. entrepriſe par le Prince de Condé, contre la Maiſon de Lorraine, à la priére de Catherine de Médicis, Reine de France alors Régente.

Quant aux autres guerres, où il ſemble que la Religion a eû plus de

part

part que la Politique, comme celles
de France sous l'Amiral de Coligny,
celles de Louïs treiziéme, & s'il y en a
eû d'autres semblables ; nous disons.
2. Qu'il faut soigneusement y distinguer les causes apparentes, d'avec les
véritables. Car encore que la Religion
y ait servi de prétexte, au moins dans
la plûpart, il est vray pourtant que
l'ambition des gens du monde y a
principalement agi, & y a duppé les
simples, que la bonne intention & le
zéle ignorant a pû faire agir dans ces
rencontres ; car ces bonnes gens
avoient cette fausse opinion, que les
violences & les injustices qu'ils préten-
doient qu'on leur faisoit, même contre la foy donnée, les armoit avec raison contre ceux qui vouloient oppri-
mer la liberté de leur conscience par
des voyes si iniques. Or nous avoüons
que ces gens simples, & ignorans, ont
failli en cela, & ont été surpris par la
ruse des ambitieux, qui faisoient servir
la bonne intention de ces malheureux,

à

à leurs deſſeins cachez : Mais il faut auſſi avoüer, que cette bonne intention qu'ils avoient ; que cette ruſe des gens plus fins qu'eux ; que cette grande cauſe de Religion ; que ces injuſtices de leurs adverſaires ; que cette opinion de devoir empêcher que la conſcience ne fut bleſſée ; il faut avoüer, dis-je, que toutes ces raiſons, ſeroient bien capables de ſurprendre beaucoup de perſonnes ſages & éclairées; & rendent bien dignes d'amniſtie ceux qui ont ainſi failli ; quoy qu'ils ayent effectivement peché, ſelon nôtre ſentiment.

Que s'il y a eû quelques-unes de ces guerres, où l'ambition n'ait pas eû de part, & où la Religion ait ſeule donné occaſion au trouble, comme dans les guerres de Piémont contre les gens des Valées, & peut-être auſſi dans les guerres de Hongrie ; nous diſons 3. Qu'il faut ſoigneuſement y conſidérer les choſes ſuivantes, ſçavoir, que l'état de l'Empire Romain d'aujour-

d'hui

d'hui a dégénéré en République, &
que le Pouvoir abſolu n'y eſt plus reconnu. Que les Religieux du Pape
ont agi publiquement, & ont fait
connoître que le deſſein de réduire les
Peuples ſous la domination de leur
Chef animoit les Puiſſances à ces
guerres de Religion que la Hongrie
en particulier a ſes priviléges, & que
la Maiſon d'Autriche a réduit les Hon-
grois à ſe maintenir contre ſon injuſte
oppreſſion. Que les Proteſtans des
Vallées ont été contraints à la défen-
ſive par les attaques de leurs Adverſaires : & que l'on a attaqué la vie de
ces pauvres gens par pure voye de ſé-
dition, & de fait les expoſant en proye
à ceux qui auroient la force de les maſ-
ſacrer, & les abandonnant à la plus
inhumaine boucherie, ſans diſtinction
même de ſexe, ni d'âge. Toutes ces
choſes ont forcé leur reſpect, & leur
fidélité, par la crainte de bleſſer leur
conſcience, ſous prétexte de la garder
trop ſcrupuleuſement pure ; Les Hiſtoires

ſtoires des Vallées écrites par Monſieur Leger juſtifient ce que nous diſons à cet égard, & aprés cela, je ne ſçay s'il y aura quelqu'un aſſez dur, pour trouver au moins irrémiſſible le péché de ces pauvres affligez.

Toutes ces exceptions n'empêchent pas pourtant, que nous ne nous tenions encore à nôtre Théſe ; & que nous ne diſions, qu'il auroit été à deſirer, que jamais les Chrêtiens n'euſſent fait de guerre pour la Religion. Car, aprés tout, Jeſus Chriſt ordonne à ſes Diſciples de charger la croix; & leur défend de ſe venger. Il condamne la ſaillie de Saint Pierre qui tire l'épée pour le défendre. Il montre par ſon exemple, qu'il faut ſubir l'injuſte ſupplice avec joye, lors qu'il s'agit de confeſſer le nom de Dieu ; & il rejette toutes les pratiques, que la généroſité, & même l'amour naturelle de ſoi-même, pourroit inſpirer, ou aux infirmes, ou aux courageux. En effet, où ſera la patience Chrêtienne, ne, la gloire du martire, le mépris du monde, la simple vûë du Ciel, s'il est loisible de s'armer dans l'occasion, & de repousser la force par la force ? comment ceux-là témoignent-ils se confier en Dieu, & lui remettre leurs intérêts, qui se font justice à eux-mêmes ? Où est l'humilité, la douceur, & la charité Chrêtienne, dans le choc impétueux des armées, & dans le bruit effroyable des armes ? Des gens enflammez de colere, prêts à se massacrer, renversans, tuans, foulans aux pieds ce qui est contraint de céder à leur force, sont-ce des objets semblables à Jesus Christ expirant en la Croix & priant pour ceux qui le font mourir ? A qui pourroit-on le persuader ?

Que s'il faut joindre à ces considérations *de Droit*, & Evangeliques, les raisons que la vûë *des Faits* nous peut fournir. Contemplons un peu nos zelez Soldats, faisons la revûë de nos armées dévotes, examinons la justice de leur résistance, par celle de

leurs

leurs comportemens ; helas ! ils font difciplinez pendant quelques jours, ou tout au plus quelques femaines ; mais en fuite cette belle retenuë dégénére en licence, & comme une digue op-pofée à quelque torrent, elle donne occafion à un débordement plus grand, & plus effrené : on jure on pil-le, on tuë, on faccage ; on fait fes af-faires, & fa maifon, fous prétexte de maintenir la caufe de Dieu. Depuis quand donc Jefus Chrift s'eft-il allié avec Belial ? Qui vid jamais foûtenir la Religion par l'impiété ? O que ce-lui-là combatoit bien autrement, qui difoit fur l'échafaut, & auprés du bû-cher, *Vive Chrift*, *Vive Chrift*, *& meure montalchine* !

Refte la cinquiéme claffe des obje-ctions que la confcience oppofe à nô-tre fentiment ; celle-ci contient diver-fes raifons tirées de la nature du droit & de la Juftice. On dit donc, que fi le Pouvoir des Princes va jufques où nous le portons, les plus énormes

péchez

péchez seront permis à leur égard, &
la Loy morale de Dieu ne les obligera
nullement, pour le moins quant à la
seconde table du Décalogue. On dit,
que non seulement les Princes pourront violer sans crime la loi de Dieu,
mais même la faire violer à leurs sujets;
le droit illimité que nous leur donnons sur leurs sujets, les semblant
mettre en droit de leur commander
de violer cette loi, sans que l'on puisse
leur desobéïr légitimement. On dit,
que l'impunité absoluë met les Princes
dans la derniére licence, ouvre la porte
aux péchez les plus execrables, & ruïne le genre humain & la raison même. On dit enfin, que Dieu est au dessus des Princes, que la nature est immuable, que les loix fondées sur la
droite raison sont pour tous les hommes; & qu'ainsi la Puissance illimitée,
qui permet l'abus de toutes les choses
de cette vie, ou en soûmet l'usage à la
seule volonté des Princes, est injurieu-
se à Dieu, à la nature, & aux loix

que

que Dieu, & la nature ont établies, &c.

Mais la force apparente de ces raisons procéde uniquement de l'ignorance de l'état de nôtre question. Nous avons dit formellement en expliquant cet état, dans le Chapitre 2. Que Dieu avoit droit de faire rendre compte aux Princes de leur conduite, encore que les Peuples ne l'eussent pas. Que les Princes péchoient, en abusant de ce Pouvoir absolu que nous leur attribuons. Que les loix de la nature les obligeoient à l'obéïssance aussi bien que les autres hommes, &c. Toutes les raisons alleguées ne font donc rien contre nôtre Thése, puisqu'elles ne prouvent, que ce dont nous convenons déja.

Que si l'on en réduit la force à dire que pour le moins l'impunité des Princes, dans ces excés que leur Pouvoir leur fera commettre, leur sert d'aiguillon à pécher, & ouvre la porte à leur licence ; ce qui paroit pire que

la

la rebellion des sujets, suivie de la correction des Princes, ou de leur modération. Nous disons, 1. que ce n'est point à nous de raisonner sur ce qui est meilleur, ou moins bon, à quelque égard ; lors qu'à mille autres égards nous avons reconnu, ce que la volonté de Dieu procure, ce que la nécessité recommande, & ce que diverses raisons autorisent ; comme nous l'avons reconnu en effet, sur le sujet du Pouvoir dont nous parlons, par toute nôtre dispute précédente.

Nous ajoûtons. 2. Qu'il est absolument faux, que la modération, ou la correction des Princes, causée par la rebellion des sujets, ou par le droit qu'ils prétendront avoir de se rebeller en de certaines occasions ; soit un moindre mal que le Pouvoir absolu, posé selon les circonstances, & avec les restrictions, dons nous avons fait mention, dans l'explication de nôtre sentiment : Car nous avons clairement prouvé le contraire ci-devant

dans

dans le Chapitre V. & dans le Chapitre VI. lorsque nous avons parlé de la nécessité de ce Pouvoir, par rapport *à la subsistance des Peuples* sur qui Dieu permet qu'il soit exercé.

En effet, posant l'état des Peuples, tel que nous l'avons supposé sous la Puissance absoluë, & tel que l'expérience même nous apprend qu'il est ; considérant les effroyables desordres qui ont précédé dans les Empires, & dans les Républiques, l'établissement de ce Pouvoir ; faisant réflexion enfin sur la sage, & benigne conduite de la Providence de laquelle ce Pouvoir dépend : nous disons hardiment que ce Pouvoir est un bien inestimable & indispensable ; un nœud inviolable ; un frein salutaire, & duquel on ne sçauroit se passer. C'est ce que tous nos raisonnemens précédens, & tous nos autres argumens ont solidement prouvé ; & que nous ne prouverons pas derechef, puis qu'il seroit inutile & ennuyeux. Nous conclurons seulement, que la

con-

conſcience, ne nous paroît point du tout engagée, par la ſoûmiſſion à un tel Pouvoir ; que tout au contraire, ceux qui l'ont pure & ſaine, ſont obligez de le reconnoître & d'en dépendre franchement, lors qu'il a plû à Dieu de les faire naître ſous l'autorité des Princes qui l'exercent, ou de les y aſſujettir de quelque autre maniére. Paſſons maintenant aux argumens qui ſe tirent du pur intéreſt de la vie temporelle.

CHAPITRE VIII.

Où il eſt répondu aux objections de la raiſon.

ON ne peut nier, avec la moindre apparence de raiſon, que ſi la conſcience admet le Pouvoir abſolu des Princes, l'intéreſt temporel des hommes ne doive auſſi en dépendre, & ne ſoit incapable de former des argumens pour le renverſer. Car quelle audace

audace ne feroit-ce point, de prétendre détruire par la confidération des
biens ou des maux de cette vie, ce que
la vûë des biens ou des maux à venir
laiſſe ſubſiſter, & fait même ſervir à
un bon uſage ? Cependant, il faut
avoüer que c'eſt cet intéreſt charnel
des gens du monde qui nous déclare
ici la plus forte guerre, & qui combat
nôtre ſentiment avec plus d'opiniâtreté. Si les moyens qu'il employe contre nous ſont foibles d'eux‑mêmes,
en ce qu'ils ſont contre le droit que
nous avons établi ; ils deviennent
preſque invincibles par l'appui des
préjugez que forme l'amour propre ;
& tandis que la conſcience ſe ſoûmet
reſpectueuſement à l'ordre de Dieu ;
l'orgueil Politique murmure, tempê-
te, & ſe rend moins à la juſtice des
raiſons, qu'à la néceſſité de la force,
& cela même eſt cauſe que la plûpart
des Princes, ſe fient bien plus dans
leurs Armées, & dans leurs Forte-
reſſes, que dans l'amour de leurs ſu-
M 2 jets:

jets, sçachant que pour un qui obéït volontairement, & par un principe de conscience ; il y en a dix, peut-être, *qui font de néceffité vertu*, comme on parle ; & se montrent soûmis, parce qu'ils sont dans l'impuiffance de se rebeller , plûtôt, que parce qu'ils croyent devoir obéïr. Or plus le mal est grand & injuste en cette rencontre, plus il faut auffi que nous travaillions à le vaincre, & à le détruire. Ecoutons donc ce que la raison, animée par l'intéreft, peut oppofer à la doctrine ci-devant établie ; afin de la convaincre, & de lui ôter tous ses prétextes ; & de mettre par là, la Puiffance coactive , dans tout le droit imaginable de la forcer , si elle ne veut pas se rendre.

Voici en fubftance, ce que les gens du monde propofent de plus plaufible, fur le fujet que nous traitons. Ils disent, que le but de l'établiffement des Puiffances , c'est la confervation du genre humain, & la félicité civile.

Que

Que la maxime fondamentale de toute la Politique, à laquelle toutes fes autres maximes fervent, c'eft que *le falut des Peuples eft la fouveraine loy.* Que la fujettion étant une chofe contraire à la nature, & à la dignité de l'homme ; on ne peut concevoir qu'il foit obligé de la fouffrir, qu'en vûë d'un bien qui équipole au mal qui en réfulte, & qui le furpaffe même. Que la diftinction des Princes & des Peuples, leur donne à chacun leurs caractéres, & par là même, leurs bornes, & leurs droits particuliers, dans lefquels ils doivent refpectivement fe tenir. Que les loix qui lient les Princes & les fujets font établies fous des promeffes réciproques ; aufquelles ceux qui s'engagent à obéïr ne peuvent être tenus, fi ceux à qui on défere la Puiffance violent celles à quoy ils s'obligent de leur côté. Que le defir naturel de fa propre confervation, que Dieu a imprimé dans chaque créature, ne peut permettre, que l'on dé-

pende

pende volontairement d'une Autorité, dont les prétendus droits vont jusqu'à nous defoler, & à nous détruire. Que c'eft un exploit, digne d'un homme courageux, & d'un vertueux amateur du bien public, d'expofer fa vie, pour arrêter le cours de la mifére de fes concitoyens, & pour les delivrer de la puiffance des Princes qui abufent de leur Autorité. Qu'enfin, la diftinction du *droit de Dieu*, & *de celui des Peuples*, fur laquelle roule *l'impunité des Princes*, & le Pouvoir abfolu, eft une diftinction frivole, & *illufoire*, & même *contradittoire*. *Illufoire*, en ce qu'elle donne lieu à tout le mal que les Peuples peuvent fouffrir ; ne leur donnant que la patience, pour tout reméde, & renvoyant leur fatisfaction & leur vengeance aprés la mort, qui eft le plus grand de tous les maux. *Contradittoire*, en ce que la punition des Princes injuftes eft reconnuë jufte en elle-même, & eft dénoncée de par Dieu ;

&

& cependant n'eft pas concédée aux Peuples, qui pourroient arrêter le cours du mal, & faire juftice en puniffant cette injuftice : Comme s'il faloit concevoir que Dieu prend plaifir à l'iniquité, & défend de s'y oppofer.

Ce font-là les principales réflexions, defquelles les hommes du monde prétendent pouvoir tirer des argumens contre le Pouvoir abfolu des Princes. Ils croyent qu'un tel Pouvoir, ne compatiffant en aucune maniére, avec des régles qui paroiffent auffi juftes & auffi équitables que celles qu'ils propofent à cet égard ; il ne peut être défendu comme jufte, ni foûtenu comme légitime. Ils accufent même ceux qui le foûtiennent & le défendent, d'être ennemis de la tranquillité publique, & de la profpérité des Peuples ; & de flatter criminellement les Princes, pour s'infinuer, peut-être, dans leurs bonnes graces, ou pour quelque autre raifon d'in-

térest

tereſt particulier, plûtôt que par le deſir de la vérité, & par l'amour du devoir. Enfin ils paſſent juſqu'à dire,
que quand même ce Pouvoir abſolu
ſeroit auſſi légitime, ou auſſi ſuppor-
table, qu'ils le croyent inique, & digne d'être contredit ; la vraye prudence, dévroit toûjours obliger à ſe taire
ſur ſon ſujet ; pour ne pas donner lieu,
à la miſére des Peuples, & aux entrepriſes des Princes. Etant certain, que
dans la miſérable conjonĉture des af-
faires du monde , les Grands n'ont
que trop d'inclination à s'élever, & à
aſſervir les petits ; ſans qu'il ſoit néceſſaire de réveiller leur ambition, par
des Traitez qui en excuſent , ou qui en
défendent même l'excés ; & qui en ordonnent la tolérance.

Voilà en abregé, ce que nous con-
cevons que la raiſon mondaine a de
plus fort contre nôtre doĉtrine. Or il y
a deux voyes générales pour répondre
à tout cela. La premiére qui préſup-
poſe la Religion & la vie à venir. La
ſeconde

seconde qui s'accommode aux principes des mondains mêmes, & qui les
arrête par leurs propres maximes.
Celle-là est facile, & évidente, & se
tire aisément de toute la doctrine,
que nous avons proposée jusques
ici : Car, l'ordre de Dieu étant reconnu dans le Pouvoir absolu ; & renvoyant la félicité de l'homme au siécle à venir ; toutes les raisons allé-
guées que prouvent-elles, sinon que
les gens de bien, ont à souffrir dans le
monde de la part des Princes ? Que
leur bonheur est ailleurs que sur la
terre ? Que la vengeance ne leur appartient pas ? Qu'il vaut mieux qu'ils
soient misérables, que rebelles ? Que
Dieu s'est réservé le droit, de les juger, & de leur faire justice des abus
de la Puissance Séculiére ? Toutes ces
choses suivent sans doute des raisonnemens des mondains ; mais ces choses sont véritables, équitables, ju-
stes, selon le Christianisme ; & si les
profanes s'en moquent, ou les conte-
M 5 stent ;

stent ; leur endurcissement ne doit pas faire de loy, à la foy, & à l'humilité des gens de bien. Il n'y a donc rien qui puisse arrêter les vrais Chrêtiens, dans les raisonnemens ci-dessus proposez au nom des gens du monde.

Mais la seconde voye, qui consiste à répondre à ces raisonnemens , par les principes mêmes des mondains, semble trés - difficile, & comme impossible. Car si la vie presente , est tout ce que l'homme peut jamais prétendre ; & si son bonheur se renferme dans ses bornes : il n'y a rien que l'homme ne doive faire , pour vivre content sur la terre ; & tout ce qui troublera sa joye presente, doit assûrément être l'objet de sa haine, & de son inimitié. Par là donc, il peut sembler bien fondé, à s'opposer aux Princes injustes ; à chercher les moyens d'empêcher l'exercice de leur Autorité ; & ainsi à renverser, s'il peut, le Pouvoir absolu, que nous venons d'établir.

Cepen-

Cependant, la Sageſſe Divine a tellement conduit toutes les choſes, qu'il y a moyen de réfuter les profanes par leurs propres régles, quelque contraires qu'elles paroiſſent d'abord à nôtre Théſe ; & nous ne pouvons aſſez admirer cette infinie & incomprehenſible bonté, qui tire l'ordre du deſordre, & la lumiére des tenébres, auſſi bien en cette rencontre que dans toutes les autres. C'eſt ce que nous allons faire voir par la réponſe particuliére à chacune des maximes ci-deſſus poſées, au nom des gens du monde.

Nous ſupplions ſeulement ceux qui liront cet Ecrit, de conſidérer ici ; combien les Princes ſont mal informez de leurs intérêts, lors qu'ils ſe portent à perſécuter le Chriſtianiſme : & combien ils ſe font de tort à eux-mêmes, en ſe privant par banniſſe-mens, par ſupplices, & par d'autres voyes ſemblables, de ceux de leurs ſujets, qui font profeſſion d'une Reli-

gion

M 6

gion détachée du monde, & de la chair, & entiérement spirituelle. Car il n'y a rien qui appuye si puissamment l'Autorité des Princes, que la Religion Chrêtienne ; par cela même qu'elle ne peut souffrir, qu'aucun des intérêts de cette vie, serve de prétexte à la rebellion ; & qu'elle consiste essenciellement, à mépriser les biens, & les maux corporels ; pour élever entiérement au Ciel, les desirs, & les pensées. Mais voici le mal : c'est que les Princes se persuadent difficilement qu'il y ait de bons Chrêtiens ; les vices de la plûpart des hommes, prêchent plus hautement l'humeur profane, & l'amour du monde, que le Chrîstianisme. Voilà pourquoy les Princes, croyent avoir sujet de se défier de leurs sujets ; & de ne pas faire fonds sur des maximes du mépris du monde, qui paroissent n'être que dans leur simple idée, sans persuader leur cœur. Ainsi, ils jugent, que le plus sûr pour leur Puissance, c'est de se

rendre

rendre les plus forts, & d'être en état
de se faire rendre malgré qu'on en ait,
ce qu'il y a apparence qu'on ne leur
rendroit pas, si l'on pouvoit s'en dispenser. Or comme nous avoüons de
bonne foy, que ces pensées des Princes sont trés-bien fondées à l'égard
du plus grand nombre des hommes;
& que c'est de cela même que nous
tirons la nécessité du Pouvoir absolu,
& de l'Autorité coactive ; étant certain que la plûpart des hommes n'o-
béït aux Princes que par force ; &
qu'il ne leur manque que des occasions
favorables pour secoüer le joug de cette Autorité : D'un autre côté, on ne
sçauroit nier, que si la Religion Chrêtienne étoit vivement imprimée dans
les cœurs, les Empires ne fussent plus
fermes qu'ils ne sont, & le Pouvoir
des Princes ne fût absolument sans
aucune atteinte. Ce qui nous fait conclurre que les Princes dévroient pour
le moins faire tous leurs efforts, pour
établir dans leurs Etats le pur Chri-
stianis-

ſtianiſme ; & qu'ainſi, ceux qui mal-traitent ceux de leurs ſujets, qui en font profeſſion, ne ſervent pas en cela à leur propre grandeur, mais lui nuiſent en quelque maniére : ſur tout, la Religion Romaine, que ces Princes favoriſent, étant oppoſée à cette grandeur de leur propre Autorité, par le *centre de ſon unité*, à la puiſſance duquel cette Religion aſſujettit tous les Magiſtrats Politiques. Mais comme il pourra arriver enfin, que Dieu découvrira, & perſuadera ces choſes aux Princes du nom Chrêtien ; laiſſons l'avenir à celui que en eſt le maître ; & venons à nos réponſes particuliéres.

On objecte 1. Que *la félicité civile eſt le but de l'établiſſement des Puiſſances, & que le ſalut des Peuples eſt la ſouveraine loy ; D'où l'on croit pouvoir conclure, que le Droit abſolu, qui ſemble détruire ce but & cette loy, ne peut aucunement être admis.* Mais cette objection ſe réſout en diverſes maniéres. Car

Car 1. Par les Principes du Chriſtianiſme, *la félicité civile*, & le *ſalut temporel des Peuples*, ſont des choſes peu conſidérables, au prix de la néceſſité d'obéïr aux Princes ſelon l'ordre de Dieu. Ainſi la miſére que l'abus du Pouvoir abſolu pourroit faire ſouffrir aux Peuples, au préjudice de cette Souveraine loi de leur ſalut, ſur laquelle on fonde la Politique : cette miſére, dis-je, ne ſera jamais aſſez forte à l'égard du Chrêtien, pour le faire rebeller contre la Puiſſance, comme nous l'avons clairement montré dans le Chapitre 4. de ce Traité, parlant de *l'uſage des afflictions*, & des *raiſons qui ſe tirent du genie particulier de l'Evangile*, en faveur de ce Pouvoir que nous défendons.

Mais outre cela 2. Par les Principes mêmes de la Politique, il eſt aiſé de répondre ; Que *le ſalut des Peuples* a divers degrez, & diverſes maniéres; Que le plus grand mal, eſt ce que l'on doit principalement éviter ; Que *l'é-*
loigne-

loignement d'une ruïne totale & entiére, doit passer pour un bonheur, &
pour un salut, lorsque cette ruïne paroit certaine & inévitable, sans le
moindre mal qui l'éloigne ; Que par
là, le Droit de la Puissance absoluë
devient incontestable ; ayant ci-devant
prouvé que tous les maux que peut
produire l'abus de cette Puissance sont
incomparablement moindres, que
ceux qui naîtroient de la rebellion
contre elle.

L'objection formée, fournit donc
un argument pour cette Puissance,
bien loin de la renverser. Car nous
disons, en nous servant des Principes
posez ; *le salut des Peuples, est la souveraine loi des Etats Politiques ; & la
félicité civile est le but de leur établissement.* Or ni ce salut, ni cette félicité, ne peuvent subsister sans le Pouvoir absolu, dans un grand nombre
d'Etats ; & le genie particulier des
Peuples qui les composent, a besoin
d'un joug aussi pesant que celui-là,

sans

ſans quoi on y verroit une effroiable anarchie. Le Pouvoir abſolu eſt donc le moien efficace *du ſalut* de tels Peuples, & la cauſe de *la félicité civile* dont ils ſont capables. Ce qui montre que ce Pouvoir eſt néceſſaire, & que l'on ne peut s'y oppoſer ſans crime, dans ces Etats là.

On inſiſte pourtant 2. & on fortifie l'objection propoſée par une autre, en ajoûtant ; que *la ſujettion eſt contraire à la nature de l'homme, & qu'il n'y a que le bien qui en réſulte qui doive l'obliger à la ſouffrir. Qu'ainſi le Pouvoir abſolu, qui détruit ſouvent ce bien, au lieu de le produire, peut être légitimement contredit, & ſon joug peut être juſtement ſecoüé.*

Mais cette ſeconde objection, contient plûtôt de nouveaux termes, qu'elle n'a une nouvelle force. Car, & ſelon le Chriſtianiſme, il eſt inutile d'oppoſer le mal temporel que le Pouvoir abſolu peut cauſer, à l'obéïſſance qu'on lui doit : Et ſelon la Politique

tique il est faux que le mal de la sujettion, autorise celui de la rebellion,
lors que la Puissance abuse de son
droit, ou de sa force. Cette maxime
demeure inviolable dans le monde,
aussi bien que dans l'Eglise. *Qu'un
mal moindre , est estimé un bien , en
comparaison d'un mal plus grand.*
D'où il résulte , comme ci-dessus ;
que l'abus même du Pouvoir absolu
est un bien , à cause du mal plus grand
qu'il empêche. Car si la corruption
du genre humain, a rendu les Puissances Politiques nécessaires , & a détruit
l'égalité naturelle ; aussi l'accroissement de cette corruption , a rendu nécessaire le Pouvoir absolu, & a détruit
l'équité Républicaine.

Si est-ce pourtant , dit-on 3. que *la
distinction même des Princes & des
Peuples, semble leur donner à chacun
leurs droits particuliers , par les diffé-
rens états, ou par les diverses conditions, que ces divers noms désignent.*
Car comme le nom de *Peuple* emporte

re la sujettion, & l'obéïssance, celui de *Prince* insinuë l'obligation à protéger, & à défendre ; ce qui semble exclurre le Pouvoir absolu.

A cela nous répondons. 1. Que le Pouvoir absolu ne déroge point à la protection que le bon Prince doit à ses sujets : Car, qui est meilleur Prince que Dieu ? qui protége mieux ses sujets que Jesus Christ ? & cependant quel Pouvoir est plus absolu que celui & de Jesus Christ, & de Dieu ? Nous répondons aussi. 2. Qu'il y a une grande différence, entre l'obligation du Prince, entant qu'il est bon & équitable ; & son Pouvoir entant qu'il est absolu : & qu'il n'y a nulle conséquence de l'une de ces choses à l'autre. Le Prince est obligé de ne nuire jamais à ses sujets, en qualité de Prince équitable ; mais s'ensuit-il, de là, que les sujets ne sont obligez d'obéïr à leurs Princes, que lors qu'ils gardent cette équité. Certes, si cela étoit, il faudroit renoncer à tout ordre humain,

&

& ne reconnoître plus aucune Puissance ; car qui sont les Princes qui ne péchent pas quelquefois ? D'ailleurs qui ne sçait que le mal particulier procure souvent le bien public ? & qu'il ne faut pas juger de la justice des Princes, par leurs actions singuliéres, non plus que de celle de Dieu ; mais par la vûë générale , & par le rapport qu'elles ont aux intérêts de l'Etat entier?

Mais c'est cette distinction même, ajoûte-t-on 4. qui combat le Pouvoir absolu. Car *ce Pouvoir peut blesser l'intérest public & général, aussi bien que le particulier ; & cependant, on ne peut nier , que les Princes & les Peuples ne soient entrez en alliance les uns avec les autres , sous des obligations reciproques. Pourquoy donc obliger les Peuples à tenir leurs promesses en obéissant ; si les Princes violent la leur, en maltraitant ?*

Nous disons à cela. 1. Que cette objection ne prouve sinon , que les
Prin-

Princes qui violent leurs promeſſes
ſont injuſtes, & que Dieu, qui eſt le
Prince des Princes, les en punira un
jour : mais elle ne prouve pas , que
les Peuples ayent droit de ſe rebeller,
ni de violer la leur. Car l'infidélité
d'un parti, n'autoriſe jamais celle de
l'autre, lors que quelque choſe intervient qui rend les promeſſes abſoluës,
& qui fait que leur exécution eſt indé-
pendante de la foy de ceux à qui on
les donne : Or c'eſt préciſément ce
qui a lieu ici. Car nous avons montré
ci-devant, que ni *la ruſe*, ni *la force*,
ni aucune autre telle pratique, conſidérée dans la conduite des Princes.
ne rendoit légitime la rebellion des
ſujets ; parce que l'ordre de Dieu, le
ferment, & les diverſes conjonctures,
lient abſolument, & ſans réſerve, ceux
qui dépendent ; & les obligent de remettre à Dieu ſeul la punition des
Princes.

Nous diſons auſſi 2. Que l'intéreſt
Public, ne peut-être bleſſé par le
Pou-

Pouvoir abſolu d'une maniére qui diſ
penſe de le reconnoître, quand bien
il ſeroit vray, que les promeſſes des
Princes les aſſujettiroient à l'examen
de leurs Peuples, & donneroient aux
Peuples le Droit de ſe rebeller ſous
prétexte de violation. Car comme
nous l'avons dit ci-devant au Chapitre
5. & au 6. Le Prince le plus abſolu,
& le moins attaché aux intérêts de ſon
Peuple, ne peut s'empêcher de protéger, & de conſerver ſes ſujets, pour
le moins, juſques au point qui eſt néceſſaire pour entretenir ſa Domination, & pour faire qu'il demeure Prince : autrement il ſe détruiroit ſoi-même ; ce qui eſt contraire au Principe
même par lequel il abuſe de ſon Pouvoir. Or cela poſé, il eſt évident que
le Pouvoir abſolu ne peut être comba-
tu, par le riſque de l'intéreſt général
des Peuples ; puiſque cet intéreſt fait
ſubſiſter ce Pouvoir, & que ce Pouvoir ne le peut détruire ſans ſe détruire
à même temps. Ainſi l'objection propoſée,

posée, présuppose un déréglement impossible, & qui implique une contradiction Politique, dans le Pouvoir qu'elle veut combatre par sa présupposition ; ce qui la rend chimérique.

On dispute pourtant encore 5. par *l'impression naturelle de la conservation propre ; & on nie, que qui que ce soit puisse obéir de franche volonté, à une autorité qui le détruit.*

Mais, 1. Cette raison ne sçauroit valoir en faveur des Peuples entiers, ni autoriser le soûlevement des Etats; mais elle pourroit seulement toucher les Particuliers que le Pouvoir absolu afflige ; posé qu'elle fut bonne & solide; (Ce qui n'est pas pourtant, comme nous le montrerons tout à cette heure) Car nous venons de faire voir, qu'il implique contradiction, que l'abus le plus excessif du Pouvoir absolu, détruise les Etats entiers. Or, à parler raisonnablement, & Politiquement il n'est pas juste, que parce qu'un Particulier, ou un nombre même considérable,

dérable de Particuliers, sont oppressez par la Puissance, & sont présumez
avoir sujet de se souftraire à la Domination à cause de leur propre intérest;
il n'est pas juste, dis-je, que sous ce
prétexte, ils se rebellent en effet; parce que l'intérest plus grand, & plus
général de l'état entier qui subsiste, &
que ce Pouvoir soûtient, doit l'emporter sur cet intérest moins général
de ceux qui souffrent. Ainsi le raison-
nement proposé, quand on le suppo-
seroit bon, ne prouveroit rien.

Mais nous disons. 2. Que ce rai-
sonnement ne vaut rien au fonds, &
qu'il ne fait nulle légitime conséquence même pour ceux que nous supposons être oppressez, par l'abus du
Pouvoir absolu : parce que, & par la
Religion Chrêtienne, on doit obéïr
franchement aux Maîtres fâcheux &
injustes, aussi bien qu'aux bons ; la
conscience envers Dieu y obligeant,
& non pas la vûë du bien propre &
temporel : & par les maximes de la
Poli-

Politique, le mal de l'oppreſſion particuliére, ne peut égaler celui de la rebellion publique; d'où il ſuit, que par la maxime ci-deſſus alleguée, *qu'un mal moindre eſt eſtimé un bien, en comparaiſon d'un mal plus grand,* tout ſujet que le Pouvoir abſolu oppreſſe, doit pourtant y être ſoûmis, & y obéïr d'une franche volonté.

Il eſt vray pourtant, que ſi ceux que ce Pouvoir oppreſſe ſont réduits aux derniéres extrêmitez, comme eſt celle *de ne point vivre,* ou de *courir riſque de ſuccomber au péril de leur conſcience,* ils peuvent alors non pas ſe rebeller en violant la Puiſſance, mais s'enfuïr, s'il leur eſt poſſible, en évitant le danger de leur ſalut, & le mal de leur mort temporelle. Car l'Evangile nous ordonne le premier, *quand on vous perſecutera dans un lieu, fuyez en l'autre,* & la nature nous diĉte le dernier, *la mort étant le Roy des épouventemens.* Mais cette fuite, bien loin de contredire au Pouvoir ab-

 ſolu

ſolu, en eſt un aveu public ; puiſqu’on laiſſe le Prince maître de tout ce que la fuite fait abandonner ; & qu’on ne lui ôte que *la conſcience*, & *la mort*, dont l’une n’eſt pas de ſa Juriſdiction, & l’autre nous en delivreroit, ſi nous ne la fuyions pas.

On tire la 6. objection *des maximes de la généroſité, & on allégue les exemples de ces Illuſtres Payens, à qui la punition des Tirans a acquis un renom immortel parmi les hommes.*

Mais cette objection, bien loin d’avoir quelque force parmi les vrais Chrêtiens, détruit entiérement la cauſe en faveur de laquelle on s’en ſert. Car on eſt perſuadé, avec Saint Auguſtin, que les grandes actions des Payens n’ont été que *des pechez éclatans.* Et celles des Tirannicides en particulier, n’ont été que les effets d’un orgueil démeſuré, joint à une ambition de gloire inſupportable, & à une impatience extrême ; avec une rebellion inſolente contre Dieu, &

une

préfomption fiére & téméraire, au mépris de la fage & jufte conduite de la Providence. En un mot, les gens de bien, oppofent *David, épargnant Saul, & déclarant coupable quiconque le tuëra*, à tous les généreux Payens. Ils leur oppofent Dieu, même, *puniffant Zimri pour avoir détruit la maifon de Bahaffa, & faifant vengeance du fang de Jifrehel, fur la maifon de Jehu*, comme nous l'avons ci-devant remarqué. On peut relire ici ce que nous avons dit fur ce fujet, dans le Chapitre I I I. & dans le Chapitre V I I. de ce Traité.

Pour ce qui eft des gens du monde, nous difons que s'ils veulent un peu s'appliquer, à confidérer les fuites de ces actions qu'ils qualifient de généreufes, ils feront contraints d'avoüer qu'elles ont prefque toûjours été contraires au deffein de ceux qui les ont faites, & que Dieu a fait tourner contre les prétendus libérateurs des Peuples, & contre les Peuples mêmes, leur té-

meraire

méraire résolution.   L'exemple seul
de Brutus vaut tous les autres.   Jamais
Payen, ne parût porté au meurtre d'un
usurpateur de la Puissance publique,
par un mouvement plus pur & plus de-
sinteressé que celui-là : sa vertu, & la
gloire qui la devoit suivre, semblerent
faire le motif unique de sa conspiration
contre Cesar, & animer seules son
courage : Cependant il est vaincu par
les vengeurs de la mort, & par le Parti opposé à la conspiration ; il se tuë soi-
même par dépit, & en murmurant
contre sa vertu prétenduë, laquelle il
est contraint de reconnoître pour *un
vain nom, sans solidité, ni réalité* ; &
il laisse à toute la Posterité, le plus mé-
morable exemple que l'on connoisse,
de la folie des sages & des vertueux du
monde ; par l'oppression entiére de la
République Romaine, & par l'établissement de la plus absoluë Puissance, qui fut jamais dans l'ordre Politique.

Que si ces revers inopinez, & ces
succés non attendus, ne paroissent pas
suffi-

fuffifans pour arrêter la fougue de ces violens efprits, à qui le bien public paroit une idole digne du facrifice des mauvais Princes : Pour le moins ne fçauroient-ils réfifter à toutes les raifons tirées de la Politique même, qui ont été ci-deffus établies dans le Chapitre 5. & dans le Chapitre 6. de cet ouvrage ; & il eft ridicule, fans contredit, de raifonner ici par des exemples, & par des actions ; contre des argumens, dont la force & l'évidence ne fçauroient être conteftées de bonne foi.

On fait fervir de 7. objection, *l'illufion, & la contradiction que l'on conçoit dans la diftinction de l'impunité des Princes quant aux Peuples, & de leur punition quant à Dieu ; & on prétend, 1. que cela fignifie, après la mort le médecin, ou, le terme vaut l'argent, felon le ftile du fiécle. 2. Que quand cette illufion n'auroit pas de lieu, on fe trompe, en attendant la punition, de ceux que l'on préfuppofe avoir le*

 droit

droit d'impunité en considération de leur Puissance.

Or il n'est pas nécessaire de dire, que ni l'une ni l'autre de ces instances n'ont aucune force envers les Chrétiens, parce que cela est clair de soi-même; n'y ayant que le déni formel du siécle futur; & l'Athéïsme pur & simple, qui puisse fonder des exceptions, & des raisonnemens de cette sorte.

Quant aux Profanes, qui ne reconnoissent que cette vie, quoi qu'il soit plus mal-aisé de les convaincre en cet endroit, il n'est pourtant pas impossible ; & il y a diverses choses à dire ici contr'eux. 1. On peut leur alléguer, *ad hominem*, que s'il n'y a point de vie aprés celle-ci, il n'y a rien de si fol, ni de si furieux, que la passion qui les porte à hazarder leur unique bien, & leur seul bonheur, par le desir de punir quelque injuste, ou de corriger quelque injustice. Car aprés tout ; chacun qui agit avec raison, doit fuïr le Souverain mal , & chercher le Souverain

rain bien ; Or le Souverain mal fera la
mort corporelle, & le Souverain bien
la vie contraire, fi les principes de ceux
contre qui nous difputons ont lieu. Il
n'y a donc rien que l'on doive éviter
comme la mort, rien que l'on doive
conferver comme la vie, felon ces
principes là. Comment donc peut-on
aprés cela, penfer à la punition des
Princes injuftes, par le hazard de fa
vie ; ou par la révolte ou fédition publique, qui eft d'ordinaire fuivie de la
perte d'une infinité de vies ?

Je fçai bien que la générofité excep-
tera en cet endroit *la Gloire & la Réputation*, & que l'on dira que la vertu
vit aprés la mort, par la bonne odeur
qu'elle laiffe. Mais en verité, il n'y
a rien de fi pitoyable que cette exception, qui eft pourtant la feule poffible
& plaufible fur cette difpute. Car 1.
Qu'eft-ce en foi-même que cette Réputation? quel bien fait-elle aux morts?
quel fentiment en ont-ils ? qui conçût
jamais qu'on fut heureux n'étant plus

du tout, par l'opinion qu'ont de vous ceux qui ſurvivent ? Qu'eſt donc devenuë la maxime, *non entis non ſunt accidentiâ* ! Mais, 2. Qui ne ſçait, *qu'il n'y a*, comme l'on dit, que *bonheur & malheur au monde* ? Que les jugemens des hommes ſont legers, & vains ? Que l'on eſtime & blâme ſouvent par caprice, plûtôt que par raiſon ? Que le nombre des ſages diſtributeurs de la loüange eſt toûjours le plus petit ? Poſez que tout cela n'ait point de lieu; le nom des hommes vertueux ſe perpetue-t-il donc ? n'y en a-t-il point autant d'enſevelis dans l'oubli, qu'il y en a de connus ? L'ignorance & la barbarie n'ont-elles pas leur tour, & leurs révolutions dans le monde, auſſi bien que la ſcience, & la politeſſe ? Combien de Monumens de l'Antiquité ſont péris ? combien d'actions, ou ont été tûës, ou ont été oubliées ? Où ſont les hiſtoires des temps avant cinq ou ſix mille ans ? Que ſont devenus les généreux qui vivoient

voient avant ces temps-là ? Ne faut-il
pas avoüer, que les hommes perdent
le sens commun , dés qu'ils perdent
la vûë de l'avenir ; & qu'ils ne sçauroient du tout rendre raison de ce
qu'ils font, ni de ce qu'ils veulent, dés
qu'ils ont abandonné le Pole.

Mais nous ne nous contenterons
pas d'avoir ainsi convaincu les Profanes *ad hominem*, comme on parle ; Il
nous est aisé de leur opposer des argumens convaincans contre leur erreur,
quoi que nous reconnoissions qu'il est
mal aisé de les convaincre quant à eux,
à cause de leur malice. Car s'il n'y a
ni vie à venir , ni punition aprés la
mort ; D'où vient, que tous desirent
tant l'éternité; & que les Profanes mêmes, s'étudient si fort de vivre par leur
vain nom, ne pouvans conserver leur
vie propre, ou naturelle ? Pourquoi
la conscience est-elle agitée par les crimes, malgré l'amour que chacun se
porte à soi-même ; & comment
l'homme se tourmente-t-il si fort pour

N 5   avoir

avoir péché, lui qui deſire tant ſon contentement, s'il eſt vray, qu'il n'a rien à craindre de la part de Dieu? Caligula n'eſt-il pas un grand ſol d'apprehender le Tonnerre ? & Neron ne ſort-il pas des bornes de la ſageſſe, de ſe reprocher la mort de ſa Mere ? puiſque la mort détruit l'homme entier ? A ce compte, les Chevaux, & les Anes, valent plus que les hommes, eux qui n'ont point de remors, qui ont plus de force de corps, qui ſont exempts d'inquiétudes & de ſoucis, & qui n'ont ni ambition, ni avarice.

Pour ne m'étendre pas ici trop, je renvoye la choſe aux Ecoles de Philoſophie ; & je me recueille en diſant en un mot, que jamais Dieu ne fit mieux éclater ſon équité, qu'en permettant que ceux-là s'eſtimaſſent de l'ordre des Bêtes, qui le nient ſi brutalement. Les Profanes méritent ſans doute de croire que leur ame n'eſt point immortelle, puiſqu'ils rejettent l'immortel ; & l'injuſtice effroyable qu'ils font à Dieu, leur attire l'exacte juſtice qu'ils ſe font à eux-mêmes en ſe ravallant aux deſſous des Brutes.

Mais comment diſent-ils, Dieu peut-il punir, ce qu'il a permis ; & ce qu'il a défendu aux hommes mêmes de punir. Comment auſſi, dirai-je à mon tour, les Princes du monde défendent-ils à leurs ſujets la voye de fait? & pourquoi veulent-ils qu'ils ayent recours aux Magiſtrats, lorſqu'on leur fait du tort, au lieu de ſe faire raiſon à eux-mêmes ? Mais comment ſur tout ces mêmes Princes, puniſſent-ils ſi ſévérement ceux qui ſe ſoûlevent contre les Exacteurs de leurs droits, & de leurs impôts ? Pourquoi ne ſouffrent-ils point que l'on réſiſte à leurs levées de deniers, & que l'on maſſacre ceux qui enlevent les biens par leur ordre ? * *Les Princes ne ſont-ils pas Miniſtres de Dieu, comme les Traitans & les Financiers ſont ceux des Princes?* Et Dieu ne s'eſt-il pas réſervé

* *Rom.* 13. 6.

d'exad'examiner leur gestion , comme les Princes se réservent l'examen de la gestion de leurs Traitans ! Que peut-on excepter à cela, qui ait la moindre apparence de raison ?

On se réduit en suite aux Préjugez, & on objecte 8. *Que ceux qui publient le Pouvoir absolu, le font pour flatter les Princes, pour trahir les Peuples, & pour s'avancer eux-mêmes dans le monde, &c.*

A cela nous répondons, que , sans pénétrer dans le dessein de tous ceux qui ont écrit de ce Pouvoir pour le soûtenir, parce que chacun ne peut répondre que de soi-même. Il y a diverses choses dans nôtre present Traité , qui peuvent convaincre les Lecteurs, que nous sommes éloignez du dessein de *flater*, de *trahir*, & de *nous avancer*, & que nous n'avons en vûë, que les bons usages dont nous avons parlé dans le Chapitre 1. Car 1. Nous déclarons que *Dieu punira les Princes injustes*, maniére de les flater qui est

fort

fort nouvelle fans doute. 2. Nous appellons le Pouvoir abfolu *un joug qu'on doit fouffrir, & non pas un bien qu'on doit defirer,* c'eft à dire en un mot, *un mal néceffaire,* expreffions, affez mal accordantes avec la flaterie, ce nous femble. 3. Nous difons que les *Peuples qui ne font pas fujets à ce Pouvoir, font bien de maintenir leur liberté, pourvû que la fédition n'en foit pas le moyen :* Je n'ay jamais appris que qui que ce foit ait flatté les Princes, ni trahi les Peuples, de cette maniére. 4. Aprés tout nous propofons des preuves de nôtre fentiment, que nous eftimons fans replique ; & qui font autant de fidéles témoins de la vérité de nôtre perfuafion ; au lieu que les flateurs, ont accoûtumé de mentir pour s'avancer.

Mais ajoûte-t-on enfin. 9. *Toute vérité n'eft pas bonne à dire ; & c'eft pecher au moins par une dangereufe imprudence, que de relever fi fort le Pouvoir de ceux que l'inclination au mal*

qui

qui est naturelle à tous les hommes n'é-
leve que trop d'eux-mêmes, au grand
dommage de plusieurs particuliers, &
mêmes des Peuples entiers.

Je réponds que j'ay déja réfuté cette objection dans le 1. Chapitre de ce
Traité, en expliquant les raisons qui
me portent à le publier, & en montrant que les Peuples n'en peuvent raisonnablement rien craindre. Mais parce que cet endroit est assez delicat, &
que plusieurs y ont intérêt, je vay
éclaircir la chose un peu davantage ; &
rendre incontestable ma conduite.

Je dis donc 1. Que lorsqu'il s'agit
de la publication d'une vérité que la
foiblesse ou le vice des hommes rend
dangereuse, j'avouë que si la nécessité
n'en est pas grande, & si l'on peut
ignorer sans risque cette verité, il vaut
mieux, sans contredit, la supprimer.
Et Jesus Christ même nous a ici donné son exemple, lorsqu'il a dit à ses
Disciples, Jean. 16. 12. *J'ay encore*
beaucoup de choses à vous dire, mais
vous

vous ne les pouvez porter maintenant.
C'eſt là-deſſus qu'eſt fondée la diſtinction des *Hérétiques* , & des *ſimples
Schiſmatiques*, dans l'Egliſe. C'eſt
par cette raiſon que la Révélation s'eſt
faite par degrez, & peu à peu, & comme parle Saint Paul. Hebreux 1. 1.
πολυμερῶς κỳ πολυτρόπως , depuis le commencement du monde. En un mot,
& la Foy , & la prudence humaine
ſont toutes deux d'accord ſur ce ſujet.

Mais je dis auſſi 2. Que lors qu'une
vérité eſt tellement importante & néceſſaire , ou par elle-même, ou par
ſon uſage, que l'on ne peut l'ignorer,
ſans le préjudice du ſalut des ames;
tellement que par la ſimple ignorance
de cette verité, & par l'erreur contraire qui ſuit néceſſairement cette ignorance , on ſe ſéduit ſoi-même, & on
ſe damne ; Qui peut nier qu'en ce cas
là, l'on ne doive expliquer, & établir
publiquement une telle vérité, malgré
tous les inconveniens qui en peuvent
naître par la malice des hommes ?
Cer-

Certes, la prédication de l'Evangile, faite malgré toutes les oppositions, & toutes les persécutions du monde, appuye invinciblement cette seconde maxime : & Jesus Christ l'a fortifiée par son exemple, aussi bien que l'autre ayant répondu à ses Disciples, qui lui alléguoient le scandale des Pharisiens sur sa Doctrine. *Laissez-les, ce sont des aveugles conducteurs d'aveugles*, &c. Matth. 15. 14.

Ces deux maximes étant reçûës, il n'est maintenant question que d'examiner, si la preuve, & la défense publique du Pouvoir absolu des Souverains, de la maniére que nous l'avons faite dans ce Traité est du rang des véritez necessaires, & tellement nécessaires, que l'on ne puisse l'ignorer sans la perte de son ame : & si les périls & les maux effectifs qui en peuvent naître doivent raisonnablement contre-balancer la publication d'une telle vérité. Or je dis, que de quelque biais, & en quelque maniére que l'on considére

re

re ici les chofes, la queftion propofée fe décide évidemment en nôtre fa-veur.

Car fi l'on s'arrête à la néceffité ab-foluë de la connoiffance du Pouvoir abfolu confidérée en elle-même; l'on ne fçauroit contefter qu'elle ne foit in-difpenfable, fi l'on prouve clairement que le défaut d'une telle connoiffance, change le Martire en hipocrifie, & en pure opiniâtreté ; & rend efclaves de la gêne & de l'enfer, ceux là mêmes qui ne fouffrent la perfécution que pour la véritable Religion au fonds; mais avec un zéle aveugle, détourné, & qui leur fait perdre tout le fruit de cette fouffrance. Car que peut-on imaginer de plus déplorable, que la condition de ceux, qui penfant rendre à Dieu le plus achevé fervice, & qui *livrant leur corps à être brûlé,* com-me parle Saint Paul. 1. Corinth. 13. le font pourtant *fans charité, & que cela leur ferve de rien,* comme dit le même Apôtre au même endroit? Que

peut-

peut-on concevoir de plus preſſant que la néceſſité de détromper ceux qui perdent & la vie preſente , & peut-être la vie à venir par un eſprit d'opiniâtreté , & de fierté ; & qui deviennent les homicides d'eux-mêmes, & les cauſes de leur damnation , ſi Dieu ne leur pardonne, par une témérité qui a pour eux encore le viſage d'une juſte & heroïque généroſité Chrêtienne ?

Or nous ſoûtenons que la preuve de ce zéle hipocrite , & de cette patience trompeuſe, eſt indubitable , par les raiſons ſuivantes, en ſuppoſant la ſolidité de nôtre preſent Traité , dont nous faiſons juges les équitables & libres Lecteurs.

Premierement, on ſçait par expérience combien de gens ont perdu la vie dans les guerres faites pour la Religion ; on ſçait encore que ces gens, qui ſont morts dans ces guerres , ont prétendu , en abandonnant ainſi leur vie , mourir pour la cauſe de Dieu , & pour la gloire de Jeſus Chriſt. Cependant

dant

dant on ne peut nier que mourant ainſi
ils ne fuſſent armez contre leurs légitimes Princes, & ne fuſſent eſtimez rebelles, & condamnez comme tels,
par leurs édits. Si nôtre Traité eſt ſo-
lide, cette rebellion eſt toute prouvée, & cette condamnation doit être
reconnuë juſte. Qui peut donc douter
aprés cela, que la queſtion examinée
dans ce Traité ne ſoit d'une néceſſité
abſoluë ; & qu'il n'ait falu pour le
moins en propoſer publiquement les
difficultez, afin que ceux qui ſe ſont
engagez autrefois ſi facilement à
prendre les armes pour la Religion,
ne ſoient pas trop legérement imitez
par ceux à qui les afflictions d'aujour-
d'hui pourroient inſpirer la même
penſée dans l'occaſion ; & pouroient
faire la même impoſture ?

Secondement toute l'Ecole Romaine, qui ſe diſtingue de ceux qu'elle appelle Ultramontains, tient pour
une choſe conſtante que les Princes
Hérétiques, c'eſt à dire, non ſujets

au

au Pape, sont des Tirans, & doivent
être abandonnez par leurs sujets propres. Tous les Moines, qui ont un
serment particulier au Pape, comme
étans ses Privilégiez, suivent en cela
l'Ecole Romaine ; & ni les déclarations de l'Eglise Gallicane, ni les opi-
nions particuliéres des Jansenistes, ne
sçauroient empêcher que la Cour de
Rome n'agisse toûjours, tant qu'elle
pourra, sur ces fondemens. Or qui
ignore, quelle prodigieuse corruption ces sentimens causent au Christianisme ? & qui ne sçait quelle effroyable multitude de gens donne dans de si
horribles sentimens ? Tout autant
donc qu'il y a ici de personnes qui s'é-
garent; tout autant qu'il est impossible
que cet égarement compatisse avec le
salut des ames; tout autant est-il nécessaire de publier nôtre présent Traité.
C'est exercer la derniére cruauté, en
laissant périr une infinité d'ames que
l'on peut sauver, que de taire des véritez dont la connoissance peut désil-
ler

ler les yeux à tant d'aveugles, & ramener au bon chemin tant d'égarez.

Troisiémement ce ne sont pas seulement les Italiens, & les adorateurs de la Cour de Rome qui croient que la rebellion soit légitime contre les Princes pour cause de Religion. Plusieurs d'entre les Protestans encore aujourd'hui, ne font pas de difficulté, d'approuver les guerres que nous avons condamnées ; & quoi que leur erreur soit trés-éloignée de celle de Rome, en ce qu'ils avoüent qu'on doit également obéïssance & fidélité aux Souverains infidéles & fidéles, Payens & Chrêtiens ; ils jugent pourtant, que lorsque ces Souverains s'en prennent directement à la Religion, & veulent forcer les consciences, sur tout en violant leurs propres édits, les sujets ont droit de se maintenir par la voye de fait, dans la liberté que ces édits leur ont accordée, pourvû que d'ailleurs ils gardent le respect & l'obéïssance en ce qui regarde purement le civil. Or si

cette

cette opinion, qui embaraſſe une infinité de Proteſtans, eſt erronée,
comme nous le croyons, & comme
nous eſtimons l'avoir invinciblement
prouvé dans nôtre preſent Traité;
combien d'ames ſont dans une erreur
damnable, parmi les Proteſtans mêmes ? Combien de perſonnes, fai-
ſans profeſſion de la vraye Religion,
ſont en danger de périr ? Qui peut ſe
taire dans ce péril éminent, & s'empêcher de propoſer au moins ſes raiſons,
pour arrêter & ſuſpendre, par un ſé-
rieux examen, une déciſion ſi périlleu-
ſe, & qui nous ſemble à nous ſi téméraire ?

Quatriémement lorſqu'une doctrine de la derniére importance & néceſſaire au point que le paroît celle dont
nous parlons, eſt combatuë, non ſeulement par la plûpart des hommes,
mais même par la pente naturelle de
tous, & par les plus violentes inclinations, & que la nature puiſſe donner,
& que la raiſon bleſſée puiſſe entretenir :

nir : Qui peut nier, qu'il ne foit de
la derniére néceffité de foûtenir une
telle doctrine, contre des ennemis, &
fi injuftes, & fi dangereux, & fi puiffans ? Quoi ! vaudra-t-il mieux laiffer triompher le vice le plus enraciné,
& le plus épandu, au préjudice du falut de tant de gens, que de s'expofer à
quelque difgrace temporelle, en fouf-
frant du mal, pour faire un Souverain
bien ? Qui ne voit que cela feroit im-
pie ? Or il eft vifible que ce raifonne-
ment établit la néceffité de la publication de nôtre Traité. Le defir de fe
vanger, fur tout en prétendant vanger
Dieu même & maintenir fa gloire, eft
imprimé naturellement dans tous les
hommes ; & avec cette particuliére
circonftance de vanger Dieu, il eft
profondement engravé dans toutes
les ames zelées. La générofité porte la
raifon humaine à fortifier cette inclination, & rien ne paroît plus digne
d'une Créature noble & raifonnable,
comme eft l'homme, que de prodiguer

fa

sa vie, soit pour la liberté publique, soit pour la Religion. Ces vûës étant donc si engageantes, ces desirs étant si puissans, & si communs; & cependant n'y ayant rien, à nôtre avis, de plus criminel dans le monde, que ce que ces desirs & ces vûës dictent; comment pouvions-nous suprimer nos pensées, sur la nécessité d'obéïr en toutes choses aux Souverains pour le temporel, & de ne leur rendre même, dans la Religion qu'une desobéïssance respectueuse?

Ces raisons convaincront sans doute les moins favorables à nôtre Thése, que, si elle n'est pas véritable, pour le moins est-elle d'une importance & d'une nécessité à être proposée publiquement pour l'examen ; ce qui suffit à nôtre presente dispute particuliére. Et ainsi nous avons amplement & suffisamment justifié la publication de nôtre Traité, par la simple considération de la nécessité de nôtre question touchant le Pouvoir absolu, comme

nous

nous nous l'étions d'abord proposé.

Que si nous paſſons maintenant à la conſidération des inconvéniens que l'on prétend que tirera aprés ſoi la publication de ce Traité, pour les oppoſer aux raiſons de cette publication qui viennent d'être alleguées ; nous diſons que la force de ces raiſons paroîtra incomparablement plus grande, par la foibleſſe de cette oppoſition ; c'eſt ce que nous allons faire voir à cette heure & c'eſt par là que nous répondrons entiérement à la derniére objection cidevant propoſée contre nôtre Traité, finiſſant auſſi par là, cette diſpute, ce Chapitre, & ce Traité même.

Les inconvéniens de la publication de ce Traité (pour en parler ici un peu plus exactement) ſemblent pouvoir être de trois ſortes. Car, ou ils regardent, *l'abus du Pouvoir abſolu en général*; ou ils ſe rapportent *à de certains Etats particuliers, où ce Pouvoir n'a point de lieu, & où l'on s'y oppoſe tant que l'on peut*; ou enfin on les peut conſidésidérer, *à l'égard des Eglises mêmes en faveur desquelles nous prétendons l'expliquer, & l'établir.*

A l'égard *de l'abus du Pouvoir absolu en général,* l'inclination naturelle qu'ont tous les hommes à s'élever, l'ambition particuliére des Grands, la misére ordinaire des Peuples , & d'autres semblables choses que l'expérience nous met tous les jours devant les yeux ; tout cela, dis-je, semble taxer, non seulement d'imprudence , mais même de cruauté, & de furie, la publication de nôtre present Traité. Car, si la violente passion de dominer dicte souvent aux Princes des maximes dont la rigueur fait le desespoir des Peuples, & ne s'accorde guére, ce semble, avec l'équité d'un juste gouvernement; si quelques Etats du monde gemissent déjà sous l'autorité Despotique, que la force a fait usurper à quelques Souverains ; que sera-ce, quand on persuadera à ces ambitieux insatiables, que ce qui leur plaît leur

est

eſt permis ? Et quand on aura prétendu prouver par des raiſons invincibles,
que leur autorité les exempte de toute
recherche, & qu'un droit d'impunité
abſoluë leur appartient ? N'y a-t-il
pas lieu de craindre, que ce Pouvoir
illimité, que la violence pouſſe ſeule ſi
loin, ſe rendra entiérement inſupportable étant favoriſé par l'apparence des
raiſons dont on le flatte ? Et quand
ces raiſons ſeroient ſolides, l'abus manifeſte qui en peut ſuivre l'établiſſement, ne mettroit-il point ce Pouvoir
au rang des véritez qu'il faudroit taire ?

Je dis à cela, qu'il y a pluſieurs raiſons ſolides & évidentes, qui empêchent que ces inconvéniens n'ayent de
force en cette rencontre. 1. Que l'on
porte auſſi loin que l'on voudra le
danger, & le mal effectif même, de
l'abus du Pouvoir abſolu, tel que ce
Traité l'établit ; par cela même que
l'on convient que c'eſt *un abus*, & que
les Princes n'auroient pas juſte ſujet

de commettre de tels excés, il est évident, que nôtre doctrine est innocente en elle-même, & qu'on ne peut lui
imputer ces mauvaises suites. 2. La
nécessité de l'explication de cette doctrine, & de l'instruction de ceux à qui
nous en rapportons l'usage, prouve
incontestablement que non seulement
on ne peut la charger des inconvéniens
alléguez, mais qu'il y auroit des inconvéniens incomparablement plus grans
à ne la publier pas ; Car qui sera assez
déraisonnable pour contre-balancer la
perte des ames, & l'abus damnable du
martire, par le péril des maux temporels ? 3. Il n'est pas vray même, que
ce péril, & ces maux temporels, que
l'abus du Pouvoir absolu peut causer,
égalent le péril, & les maux effectifs
que peut causer son ignorance, dans
les Etats où il est établi , & où on
l'exerce, à l'égard de ces mêmes Etats.
Car nous avons montré ci-devant le
contraire, en faisant voir à l'œil, que
le Prince le plus Tiran, est obligé de
con-

conserver ses sujets, plus que les sujets mêmes ne le sçauroient faire s'ils avoient secoüé son joug ; & qu'ainsi cette Tirannie en comparaison de l'anarchie qui en suivroit nécessairement la destruction, est un bien, & un bien d'une absoluë nécessité. 4. C'est un paradoxe qui passe toute créance que de s'imaginer que les Princes s'étudient à desoler leurs sujets, par l'asseurance qu'ils ont que leurs sujets, ne se rebelleront jamais contr'eux ; Car qui ne voit que cela iroit tout droit à la ruïne des Princes mêmes, par la perte qu'ils se causeroient de leurs bons sujets, & de leur fidéle appuy ? Mais ce Paradoxe est inconcevable sur tout dans la sagesse du Roy de France. Car ce Roy ayant de deux sortes de sujets, les uns qui suivent ces maximes de fidélité inviolable à son service, que nôtre Traité établit ; les autres, à qui la Cour de Rome a imprimé d'autres sentimens ; il se rendroit visiblement esclave de la Cour de Rome, & renverse-

roit

roit ſa Puiſſance s'il détruiſoit les Egliſes Réformées ; & s'il réduiſoit ſes ſujets pur Papiſme ou Catholiciſme Romain. 5. Enfin, quand toutes ces raiſons ne ſubſiſteroient pas ; il faut ou
transformer tous les Princes en autant
d'Athées, ou avoüer que nôtre Traité
ne les peut porter à abuſer de leur
Puiſſance. Car en combien d'endroits
n'avons-nous pas dit, que *les Souve-*
rains du monde ont eux-mêmes un Sou-
verain ? Que, s'ils commettent des
injuſtices, elles ſeront ſévérement pu-
nies par le grand juge ? Que leur im-
punité quant à leurs Peuples, ne les
exempte pas de la punition de Dieu ?
Qu'au contraire, leur peine eſt d'au-
tant plus infaillible, s'ils s'en rendent
dignes devant Dieu, que ce Dieu, qui
s'eſt réſervé le droit de les punir, eſt
plus juſte & plus puiſſant. C'eſt donc
ſuppoſer que les Princes ne croient
nullement qu'il y a un Dieu, que de
dire que la preuve de leur Pouvoir abſolu, telle que nôtre Traité la contient,

tient, les pourra porter à l'abus de ce
Pouvoir.

Je viens maintenant aux inconvéniens qui semblent butter en particulier de certains Etats, où le Pouvoir
absolu n'est pas reconnu, & où l'on
empêche, autant qu'on le peut, qu'il
ne s'établisse. On dit sur ce sujet, que
nôtre Traité condamne ces Etats-là;
& que sous le prétexte d'instruire, de
consoler, & de défendre les Eglises
Réformées de France, nous scandali-
sons, l'Angleterre, les Royaumes
du Nord, & toutes les Républiques,
& nous donnons lieu à d'effroyables
séditions.

Mais nous avons déja suffisamment
réfuté ci-devant cette vaine conséquence, que quelqu'un pourroit tirer
de nôtre Ouvrage. Il ne faut que relire
nôtre second Chapitre, où nous avons
expliqué l'état de nôtre question, pour
reconnoître que l'on ne peut nous faire cette objection avec justice. Nous
y avons déclaré en termes formels, que

 nous

nous ne confidérions pas le Pouvoir abfolu comme un bien pur & fimple, que l'on dût defirer ; mais comme un reméde extrême que Dieu oppofe aux pechez des Peuples, & dont il faut qu'ils prennent garde à ne fe pas rendre dignes. Nous avons même dit ailleurs, que ceux qui pouvoient s'empêcher, fans fédition, de tomber fous un tel joug ; & à qui Dieu faifoit la grace de pouvoir conferver leur liberté, autrement que par des guerres injuftes, & par des rebellions illégitimes, faifoient bien de fe maintenir. Tellement, que nous ne prétendons pas que l'on s'imagine qu'en parlant du Pouvoir abfolu des Souverains, nous entendons que tous les Souverains indifferemment ont droit de l'exercer ; & que tous les Peuples fans exception font obligez de s'y affujettir. Nous foûtenons feulement, qu'il eft poffible, que ce Pouvoir là s'exerce légitimement par de certains Princes ; que Dieu le permet ainfi, dans quelques

Etats,

Etats, pour des caufes trés juftes, & trés néceffaires; & que ceux qui naiffent fous ce Pouvoir, ou qui y font réduits, doivent s'y foûmettre fans violence, y refpecter l'ordre de Dieu, & en fouffrir le joug, & même l'abus, fans aucun mouvement de rebellion. Reconnoiffant d'ailleurs que ceux-là font fans doute bienheureux, qui n'ont pas befoin d'un joug fi pefant; que Dieu, qui les en exempte, fait voir par là, que leur corruption eft encore moindre que celle des Peuples qui le fentent; & qu'il les convie auffi, à même temps, à ne pas abufer de leur liberté, de peur que fa fage & jufte Providence ne les en prive, & ne les réduife au pied des autres.

Reftent enfin les inconvéniens, qui regardent les Eglifes mêmes en faveur defquelles nous prétendons avoir écrit le prefent Traité. Ce font ceux que nous avons propofez dans le premier Chapitre de cet Ouvrage, en reprefentant que l'on pourroit prendre occafion de mal-traiter davantage ces Egli-

fes,

ſes, par l'aſſeurance de cette humble
patience que nous leur inſpirons : Or
nous avons déja fait voir la nullité de
ces inconvéniens au même endroit, en
diſtinguant les intérêts de cette vie
mortelle, d'avec ceux de la vie future;
& en montrant que la ſageſſe des Princes ne peut leur permettre de conſen-
tir, à tout ce que la haine du Clergé
Romain, pourroit exiger de leur zéle,
au préjudice des Egliſes dont il s'agit.
Ce que nous avons dit dans ce Chapitre là pourroit donc ſuffire, pour arrêter ici, ceux qui nous font l'objection
propoſée : Néanmoins, comme
nous avons promis dans l'endroit cité,
de retoucher ici cette matiére, pour
l'entier éclairciſſement de ce doute ;
& comme toute la difficulté roule ſur
une queſtion, que l'état preſent des
Egliſes Réformées de France rend
trés-importante, & fait examiner à
beaucoup de gens, ſçavoir, *ſi le Roy
de France a intéreſt de ruïner ces Egliſes là, & ſi le bien de ſon Etat l'exige;*
nous

nous nous arrêterons encore un peu sur cette question, & nous tâcherons de la décider.

Nous disons donc, que si la parfaite patience, que nous enseignons par ce Traité, peut donner lieu à l'accroissement des maux de ceux à qui nous l'enseignons ; ce sera par la considération de l'entiére seureté avec laquelle on fera souffrir ces maux, jointe à la justice prétenduë, de cette souffrance. Et cette justice, ne pourra être fondée, que sur des raisons, ou de conscience, ou d'Etat. De conscience, pour abolir une Religion qu'on croit mauvaise: d'Etat, pour empêcher les desordres, & la division, que la diversité des Religions semble y pouvoir produire. Or nous osons dire que bien loin que ces raisons, rendent nécessaire la destruction des Eglises Réformées de France ; il n'y en a point (aprés celle de la pureté de leur Religion qui ne peut-être au goût du parti contraire) il n'y en a point, dis-je, de plus puissan-

tes.

tes que celles-là, pour prouver la nécessité de leur conservation.

Car, 1. s'il est vray qu'on puisse
desoler les Eglises Réformées de
France ; sans aucun risque d'en éprouver la rebellion, à cause de la persuasion qu'elles ont, qu'elles sont obli-
gées de tout souffrir de leur Prince :
qui peut inférer de là, qu'on doit effectivement les ruïner, sans renoncer à
tout ce qu'il y a de justice, d'équité, &
d'humanité ? Qui ouït jamais dire
qu'un Prince dût exterminer ses sujets
à force qu'ils sont fidéles ? Et que
l'asseurance qu'il a de leur fidélité, dût
servir de fondement à la résolution
qu'il forme de les ruïner ? Sont-ce des
hommes qui font de telles maximes ?
n'est-ce pas plûtôt l'Enfer, & l'Enfer
le plus desespéré ? Que si l'on excepte, que cette fidélité présumée, n'est
pas précisément la cause de la ruïne de
ceux qui la gardent ; mais qu'elle est
une occasion, qui pousse à procurer
cette ruïne avec moins de crainte, pour
d'au-

d’autres raisons trés-justes , comme font celles que l’on tire du zéle de la Religion Catholique , & de la fermeté de l’Etat : nous allons montrer qu’aucune de ces raisons ne peut faire conclurre cette ruïne ; qu’il n’y en a aucune qui ne la doive faire condamner.

Nous disons donc, 2. que mettant à part l’examen des Religions en elles-mêmes, qui n’est nullement de ce lieu, il est impossible que des raisons de conscience obligent un Prince à traiter ses sujets ; comme le Clergé Romain veut que le Roy de France traite les Eglises Réformées de son Royaume. Car ces raisons de conscience ne peuvent être tirées , que du desir *du salut* de ceux qu’on afflige, ou que *du devoir* de ceux qui affligent. Or ni ce devoir, ni ce salut, ne peuvent ici fonder ces raisons. Car jamais la véritable Religion n’a approuvé les voyes forcées pour convertir, puisque Dieu demande le cœur. Et jamais ceux qui ont embras-

sé la vérité par force n'ont été sauvez ,
puisque le cœur que Dieu exige d'eux
pour les sauver, ne peut compatir avec
cette force dont on use, pour les faire
changer de Religion. Ceux là donc
qui font violence à la conscience, &
qui persécutent pour faire changer de
Religion, font & contre leur propre
devoir, & contre le salut de ceux qu'ils
persécutent, bien loin de servir à l'un,
ou à l'autre. Tous les anciens Docteurs , qui ont agité cette question
durant que les Payens persécutoient le
premier Christianisme l'ont décidée
comme nous; la chose parle d'elle-même, puisque la Religion est essenciellement persuasive , & ne peut être sans
cela une Religion, mais devient une
profane hipocrisie ; & jamais cette vérité ne fut contestée même dans les
fausses Religions, que lorsque leur dé-
cri public, & leur conviction, changea
en brutalité, & en rage ouverte, le
zéle que les préjugez , & la prescri-
ption sembloient auparavant justifier.
Car

Car c'eſt l'ordinaire des faux Docteurs, de qui la multitude dépend,
d'accabler d'abord la vérité par des
apparences, & de maintenir l'erreur
par des préjugez. Mais lorſque les
nuages ont été diſſipez, avec le temps
ou par leur propre legereté, ou par la
force du jour, & de la lumiére ; alors
la ſéduction, laiſſant un maſque qui
ne la peut plus cacher, elle ſe ſert des
paſſions humaines, & elle employe
impudemment la crainte & l'eſpérance du ſiécle, contre la conſcience, pour
maintenir par la force, ce qu'elle ne
peut plus garder par la raiſon éblouïe
& ſéduite. Si l'on continuë donc en
France, d'affliger, & de détruire par
voye de fait, les Egliſes Réformées ;
bien loin de ſervir par là à la Religion
du Pape, ou à la Catholique Romaine ; on les rend, premiérement inutiles & mêmes contraires au but de la
ſincére converſion ; en ſuite on les
charge de mille actions injuſtes, &
abominables, que le zéle indiſcret fait

com-

commettre aux ignorans persecuteurs, & que les passions arrachent aux hipocrites convertis ; & enfin on les revêt du plus évident, & plus infaillible caractére extérieur de fausseté, selon le Christianisme ; puisque rien n'est plus contraire à l'Evangile que la violence, & que la patience & la douceur en font les livrées.

Restent donc 3. les raisons d'Etat ; or celles-ci peuvent être de deux sortes ; car les unes regardent la France même, & les autres intéressent le Roy qui y domine. Quant à la France on dit que la diversité des Religions peut y faire des divisions dangereuses, & que les troubles du siécle passe le prouvent. Mais l'expérience de la paix depuis ces troubles est plus forte, plus longue, & plus sensible que celle des troubles mêmes ; & chacun sçait qu'au contraire ; les efforts faits pour abolir l'une des Religions a mis l'Etat en danger ; & que sa fermeté est procédée de la tolerance des deux, & de la liberté de

con-

confcience. En effet , la confcience ne peut au fonds être forcée ; il eft de la prudence des Princes de la laiffer à Dieu ; & les diverfes Religions ne troublent pas leurs Etats, mais ils les troublent eux-mêmes, lorfqu'ils veulent dominer fur les Religions, contre le droit de Dieu qui en eft feul le maître. L'Empire Romain , celui du Turc , toutes les grandes Monarchies, ont eû des fujets de Religions differentes ; & le grand Tamberlan tenoit pour maxime de laiffer chacun à fa liberté pour ce regard. Catherine de Medicis fçavoit bien dire qu'elle feroit toûjours ce qu'elle voudroit des Huguenots, pourvû qu'elle leur donnât leur foul de prêches. Ainfi cette raifon eft frivole.

Que fi l'on excepte , que la diverfité des Religions peut n'être pas dangereufe dans l'Etat par l'Etat même, mais qu'elle l'eft à caufe des Princes de dehors, qui peuvent faire des factions, fous prétexte de maintenir l'u-
ne

ne des Religions, contre l'autre. Je
dis 1. que ce prétexte ne peut avoir de
lieu lorfque les deux Religions font
également maintenuës ; mais feule-
mènt, lorfque l'une eſt perfécutée; ce
qui détruit la raifon alléguée , & la
tourne contre les Perfécuteurs. 2. J'a-
joûte, que la ligue d'Efpagne, & les
differens de la France avec la maifon
d'Autriche ; rendent la Religion Catholique Romaine bien plus dangereufe en France, que la Proteſtante ;
& que Genéve, ou Aufbourg, n'ont
garde de former les deſſeins de Rome,
de Vienne, ou de Madrid.

J'avouë pourtant que l'Angleterre
eſt Proteſtante, & que fes prétentions
fur la France paroiſſent même dans les
armes de fes Rois. Mais on fçait auſſi
que la haine que Meſſieurs fes Evê-
ques portent aux Prefbiteriens eſt extrême ; & que la perfécution qu'ils
leur font n'eſt guére moindre , que
celle que le Clergé de France fait aux
Réformez. On fçait encore que la fa-
ction

ction Catholique domine presque aujourd’hui dans l’Angleterre ; & qu’au
pis aller, la querelle de la prochaine
succession, donne à la France de la
seureté pour bien long-temps. J’ajoûte, que la sagesse du Roy de France &
de son Conseil, a prévenu tout le danger à cet égard ; & que les vûës, où
l’on a fait entrer depuis peu les Rois
d’Angleterre rendent civilement im-
possibles les desseins de troubler la
France , par la Religion Réformée.
Je dis outre tout cela, que la prise de
la Rochelle, & le refus constant fait
par les Rochelois au Roy d’Angleterre de se rendre à lui pour en être se-
courus; est un monument éternel de la
fidélité des Protestans, & un repro-
che public fait à ceux qui incitent aujourd’hui contre eux sa Majesté Trés-
Chrêtienne. Enfin les Protestans Anglois, & les François, ont si peu de
simpathie entr’eux, que la plûpart de
ceux que la persécution des Intendans
de Marillac & de Muins avoit chassez

de

de Saintonge & de Poitou en Angleterre ont été contraints de s'en retirer ; & ont trouvé la route de l'Amérique moins fâcheuse, que l'asile de ces bons & charitables Freres que la mitre entête.

De tout cela il résulte que s'il y a quelque raison Politique qui doive obliger le Roy de France à mal traiter les Protestans de son Royaume, elle se réduit aux intérêts de sa Personne. En effet, il a des differens avec le Pape ; il faut que la distinction de la Cour de Rome, & de la Religion Catholique Romaine qui a vogue en France, soit bien reconnuë pendant ces differens, de peur que selon les maximes de cette bonne Religion, le Roy devenu Hérétique, ne soit exposé à ce que chacun sçait. Henry second a donné le modéle de cette sage conduite ; & les causes qui ne se disent pas, mais qui sont pourtant manifestes, y ont plus de part que les causes apparentes. D'ailleurs, le Roy aspire sans doute à l'Eml'Empire, & à la Monarchie ; les Peres de la Société peuvent l'y fervir ; & il n'y a pas d'apparence qu'ils le faffent pour rien. Or la deftruction des Huguenots, aprés celle des Janfeniftes, eft un grand leurre pour eux ; & fi le Roy en peut venir à bout il aura gagné un grand levé contre la maifon d'Autriche, par l'engagement où feront ces faints Religieux de le fervir dans fon grand deffein. Enfin, la Puiffance du Pape, quoi que mourante, ou fort affoiblie, eft pourtant encore trop reconnuë en France, par l'autorité des fuffragans qu'il y a. Il eft bon que le Clergé favorife le Roy contr'elle ; & balance, ou même détruife peu à peu, le crédit que les Moines ont parmi le petit Peuple ; lequel crédit foûtient encore quelque peu cette Puiffance imaginaire & chimérique. Il eft donc néceffaire de facrifier les Huguenots à la haine du Clergé, afin que le Saint Pere puiffe être mortifié fans peine ; & qu'on puiffe même

dans

dans le beſoin, le menacer d'un Patriarche, & lui faire craindre ſa réduction au Dioceſe de Rome, & des an-
ciennes ſuburbicaires.

Voilà, à mon ſens, le ſecret de la
perſecution des Proteſtans de France,
& les veritables raiſons de leur miſére.
Or eſt-il bien poſſible qu'un auſſi ſage
Conſeil qu'eſt celui de la France croye
dupper les Jéſuites, le Clergé, & le
Pape, & les liguer les uns contre les
autres ? Sa Majeſté trés-Chrêtienne
a-t-elle oublié, que la fine Politique
eſt dans les Convens, & dans le Con-
clave ; & qu'on peut auſſi bien ſe
ſervir d'un Roy de France, que lui
rendre ſervice ? Qui ſçait ſi les Huguenots étant détruits, les Peres de la
Société & le Clergé, n'auroient point
de nouvelles meſures à prendre, &
des raiſons pour ſe réünir avec le Pape ? Qui ſçait ſi la maiſon d'Autriche,
qui n'entreprend rien contre la France, parce qu'elle deſire, en faveur du
Pape, que le jeu contre les Huguenots

nots soit tout à fait joüé, ne trouveroit point des moyens efficaces contre Louïs X I V. aussi bien que contre Henry I I I ? Et s'il ne seroit point à desirer un jour, qu'il se fit un seconde jonction, à Tours, ou ailleurs, des Huguenots cachez, & des Catholiques plus fidéles ?

Mais laissons les *si*, & les *peut-être*, raisonnons sur ce qui est évident ; Quelle apparence y a-t-il que le Clergé de France, & les Jésuites, entendent si mal leurs intérêts, que de servir tout de bon un Roi contre un Pape ? Eux qui ne sont puissans que par ce Pape, & qui ne sauroient l'abandonner, sans abandonner avec luy toute l'Europe Catholique Romaine ? Un Patriarche en France, ou une réduction du Pape au Diocése de Rome avec le consentement du Clergé, est la plus folle prétention du monde, à l'égard de ces grands Politiques ; qui sçavent que le centre de leur unité Catholique fait leur grande force, & que leur sé-
paration

paration d'avec lui, les rendroit petits sujets d'un Roy, au lieu qu'ils sont alliez par son moien avec toutes les Couronnes Catholiques de l'Europe, & avec une infinité d'autres Puissances ?

Il est donc vray, que le Clergé, & les Jésuites, servent au temps; qu'ils donnent au Roy ce qu'ils jugent être nécessaire pour le porter à détruire les Protestans; qu'ils font durer leurs prétendus services, jusques à ce que celuy que le Roy leur rend soit parfaitement accompli; & que cela fait, il sera aisé à leur prudence de s'excuser, & de trouver de bonnes raisons, pour ne pas achever ce qu'ils veulent qu'on croye qu'ils ont commencé.

Je conclurray donc hardiment à cette heure, que l'on n'a aucune bonne raison, pour appuyer la persécution des Eglises Réformées de France; & que l'intérest de ce Royaume là, la Foy publique, les Edits jurez, les services rendus, & la crainte de Rome & d'Espagne, sont bien plus favorables à leur conservation; que toutes les raisons contraires ne la combattent. Mais ces misérables Eglises ont offensé Dieu, & ont changé sa grace en dissolution; *Il envoie,* comme autrefois, * *ses serviteurs contre la Nation hipocrite. Quand il aura parachevé son œuvre en Jerusalem, & en la montagne de Sion, il fera venir à compte, l'orgueil du Roy de Babilone, & la hauteur de ses yeux.*

Ainsi soit-il.

Esaïe 10.

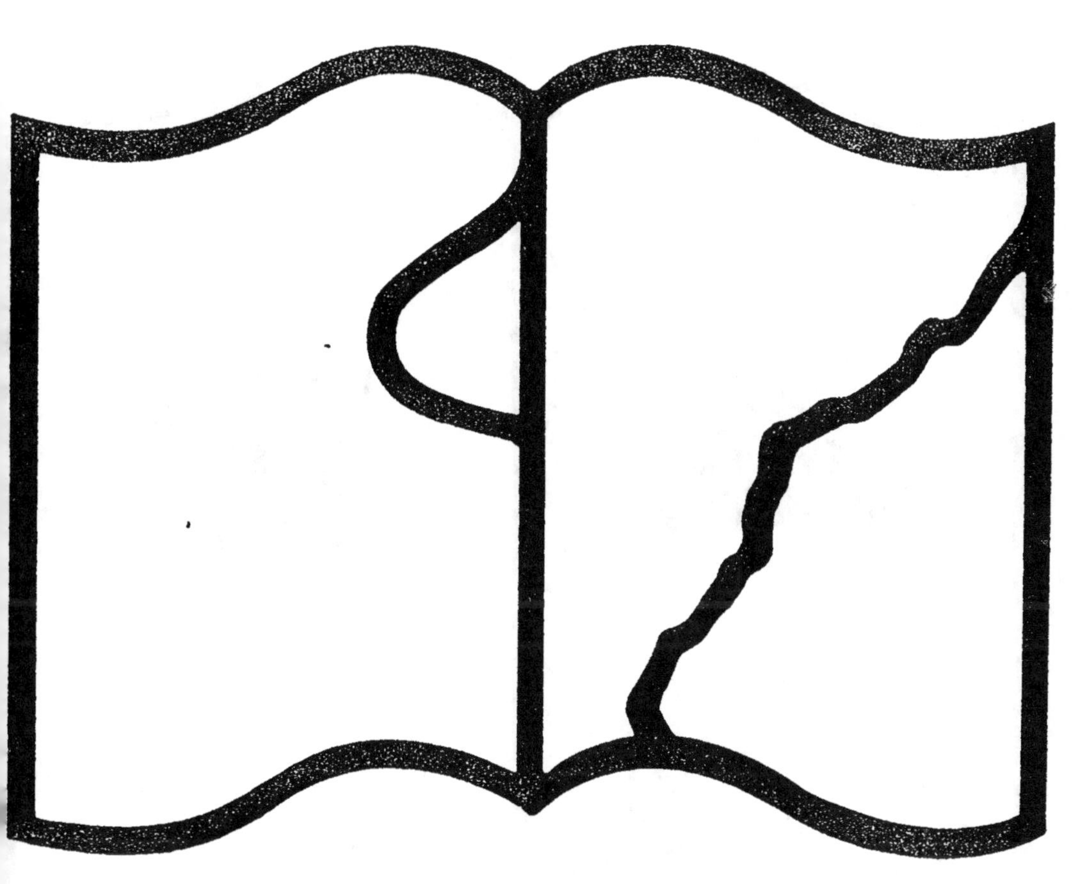

Texte détérioré — reliure défectueuse

NF Z 43-120-11

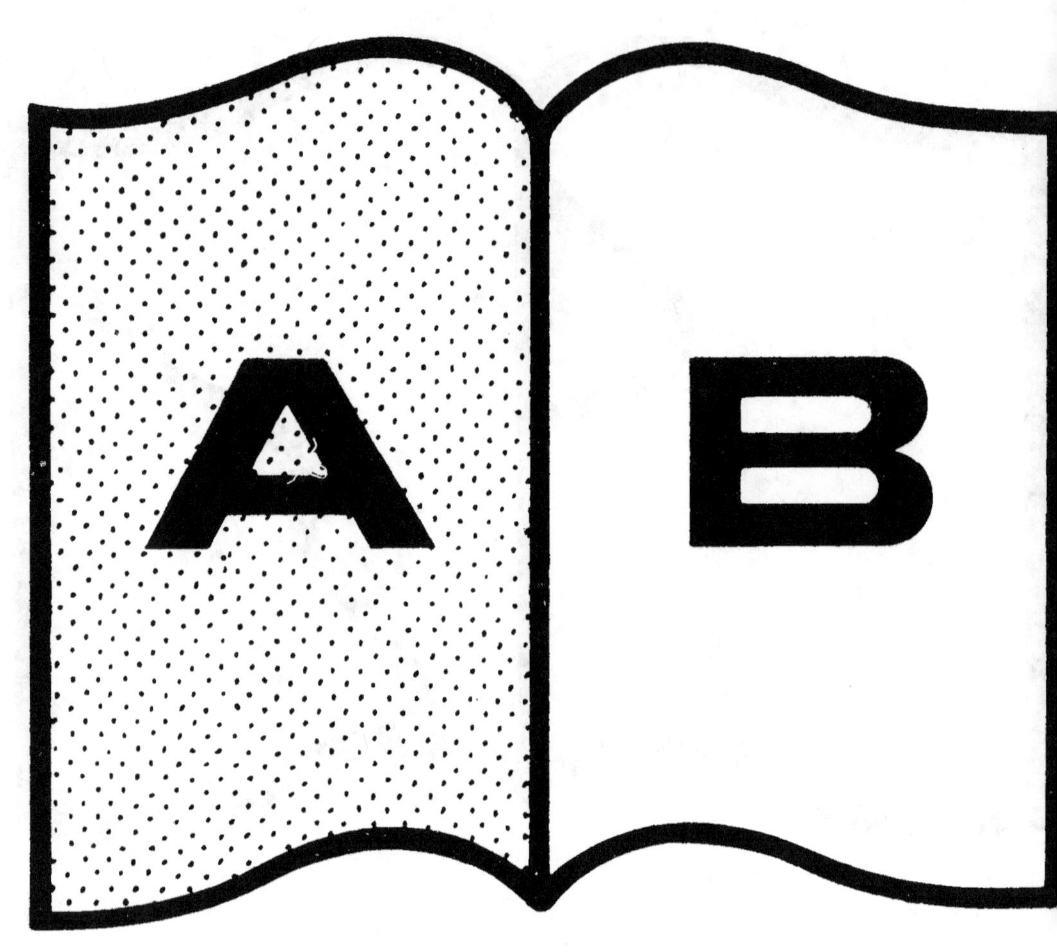

Contraste insuffisant

NF Z 43-120-14